Ismael Leandry-Vega

El soberano es el poder financiero, no el pueblo
El nuevo contrato social

Editorial Espacio Creativo
Charleston, SC

Publisher: Editorial Espacio Creativo, Charleston, SC

ISBN-13: 978-1511894845   ISBN-10: 1511894849

Derechos de propiedad: Ismael Leandry-Vega   Copyright: © 2015 Ismael Leandry Vega

Standard Copyright License

Reservados todos los derechos. El contenido de esta obra está protegido por Ley, que establece penas de prisión y/o multas, además de las correspondientes indemnizaciones por daños y perjuicios, para quienes reprodujeren, plagiaren, distribuyeren o comunicaren públicamente, en todo o en parte, una obra literaria, artística fijada en cualquier tipo de soporte o comunicada a través de cualquier medio, sin la preceptiva autorización. Imagen en la portada: Ludovic Bertron from New York City, USA; cropped by Beyond My Ken (talk) 01:38, 11 June 2014 (UTC) (Goldman Sachs Tower. Uploaded by russavia) [CC BY 2.0 (http://creativecommons.org/licenses/by/2.0)], via Wikimedia Commons

Datos para catalogación:

Ismael Leandry Vega (2015)
El soberano es el poder financiero, no el pueblo: El nuevo contrato social
Editorial Espacio Creativo, Charleston, SC

- ☞ **Ciencia Política**
- ☞ **Contrato social**
- ☞ **Derecho Constitucional**
- ☞ **Economía**
- ☞ **Filosofía del Derecho**
- ☞ **Jean-Jacques Rousseau**
- ☞ **Poder económico**
- ☞ **Poder financiero**
- ☞ **Poder político**
- ☞ **Poder público**
- ☞ **Puerto Rico**

Tabla de contenido

Capítulo uno
Rousseau y la democracia fueron arrojados a la basura..........5

Capítulo dos
El soberano es el poder financiero..19

Capítulo tres
Los políticos obedecen al poder financiero..............................33

Capítulo cuatro
Puerto Rico le pertenece al poder financiero..........................47

Capítulo cinco
No se juega con el poder financiero..57

Referencias..79

Capítulo uno
Rousseau y la democracia fueron arrojados a la basura

§ 1

Dice el maestro Jean-Jacques Rousseau que el pueblo, a pesar de estar lleno de tarugos, «reconoce su soberanía y elige a las autoridades que lo representarán para gobernar.»[i] Sin embargo, a pesar de que la doctrina del maestro Rousseau es encantadora la realidad enseña que dicha doctrina ha sido colocada en el museo. Digo eso ya que, en la realidad monda y lironda, el único soberano que existe es el poder financiero. Sobre eso tengo que decir que nadie puede negar, en especial si vive dentro de un país que está endeudado y que recibe billones de billetes por parte de los mandamases del poder financiero, que «los gobiernos no son ya depositarios de la soberanía nacional, sino meros ejecutores de órdenes que emanan de los centros del poder financiero.»[ii]

§ 2

El maestro Jean-Jacques Rousseau, que no tuvo la oportunidad de ver los enormes palacios que ha erigido el poder financiero por doquier, dijo que «el pueblo es su propio soberano y orienta sus acciones en busca del interés general.»[iii] Sin embargo, hoy en día las palabras de Rousseau no son válidas dentro de los países endeudados. Recuerde que en estos días que vivimos, en los que podemos leer y escuchar que los gobiernos (municipales y estatales) están llenos de deudas que benefician al omnímodo poder financiero, el pueblo de un país capitalista, democrático y endeudado: (1) es siervo del poder financiero; y (2) tiene que pagar impuestos para –por medio del Ministerio de Hacienda– pagarle al poder financiero.

§ 3

El mundo está lleno de estupideces rimbombantes, y una de esas estupideces es la creencia de que el soberano es el pueblo. Otra rimbombante estupidez es creer que los políticos electos representan a la chusma. Digo eso ya que, si se analiza con profundidad, la realidad enseña que el verdadero y único soberano (el que manda) es el poder financiero. A tal punto es esto verdad que gobernantes, presidentes y ministros tienen que ñangotarse ante el poder financiero cada vez que, en nombre de sus respectivos países, solicitan dinero y cada vez que solicitan negociar sobre el pago de las deudas gubernamentales.

Tampoco se puede pasar por alto que gobernantes, presidentes, ministros y alcaldes de ciudades importantes, particularmente en países en los que se juega a la democracia capitalista y endeudada, no pueden ejecutar acciones que afecten de manera permanente los intereses económicos del omnipotente soberano (el poder financiero).

Si los mencionados políticos, siguiendo los deseos de las chusmas, tienen el atrevimiento de realizar acciones que afecten de manera permanente –o severamente perjudicial– los intereses del soberano (el poder financiero), en el momento oportuno los tribunales les dejan saber a los mencionados políticos –por medio de sentencias, resoluciones, *mandamus, injunctions* y embargos– quién es el verdadero soberano.[iv] Debido a todo eso se puede decir que el poder financiero, que todos los días defeca sobre los libros de Jean-Jacques Rousseau y sobre la tumba de Charles Louis de Secondat, es «el poder que verdaderamente gobierna.»[v]

§ 4

No tiene ningún sentido hablar sobre las maravillas de nuestra supuesta democracia cuando, humillantemente, nuestro gobernante tiene que ñangotarse ante los gerifaltes del poder financiero para, entre otras acciones, pedir dinero, reestructuraciones de deuda, planes de pago y periodos de indulgencia.

§ 5

Se dice que «el poder legislativo le pertenece al pueblo.»[vi] Ahora bien, eso es así hasta que el pueblo, deseando vivir por encima de sus recursos, posibilidades y talentos, comienza a pedirle dinero al poder financiero y mundial. Una vez el pueblo, por medio de sus legisladores y por medio de sus funcionarios públicos de alto nivel, llega a un elevado nivel de endeudamiento, el mencionado poder legislativo le pertenece al poder financiero.

§ 6

Se dice que «el poder legislativo es el corazón del Estado; [y que] el poder ejecutivo es el cerebro que mueve todas las partes.»[vii] Ahora bien, lo que no se dice es que el poder financiero, gracias a sus billones de dólares, es el que controla el cerebro, el corazón, las piernas, las manos y la barriga del Estado republicano, capitalista, endeudado, democrático y, sobre todo, neoliberal. En otras palabras, detrás del Estado oficial está la mano y el cerebro del omnipotente poder financiero. Es por eso que, gústenos o no, todos tenemos que aceptar que «no son los políticos los que gobiernan el mundo.» También tenemos que aceptar que en este valle de deudas y sufrimientos, «los lugares de poder, aparte de ser supranacionales, multinacionales, son invisibles.»[viii]

§ 7

El embuste de que los dioses existen y el embuste de que el pueblo es el soberano, han sido dos de los mejores embustes que ha creado el poder detrás del trono para controlar al utilizable y chismoso pueblo. Sobre el embuste de que el explotable pueblo es el soberano, el individuo bien dotado intelectualmente sabe que el poder financiero es el que selecciona e impone a los jefes de Gobierno en los países capitalistas, neoliberales, ricos y militarmente poderosos. Es por eso que, por ejemplo, el individuo bien dotado intelectualmente sabe que los jefes de Gobierno de EUA, Reino Unido y Francia son colocados en sus sillas por medio de los billones de billetes del poder financiero, por medio de los endosos del poder financiero, por medio de los medios de comunicación del poder financiero y por medio de los *mass media* de los millonarios.

Cabe señalar que en los quebrados países que están en vías de desarrollo, como Puerto Rico y la República Dominicana, el poder financiero también tiene gran control a la hora de imponer jefes de Gobierno, en especial si tiene intereses e inversiones substanciales en dichos países. Ahora bien, en ocasiones el poder financiero deja que los poderosos intereses económicos dentro de esos países – que usualmente están divididos en dos o en tres facciones que saben que el poder financiero es el mandamás– hagan todo lo posible para que sus políticos favoritos ganen los eventos electorales. Una vez los políticos de la facción económica favorecida ganan los eventos electorales, el poder financiero les recuerda a esos políticos ganadores que ellos tienen la obligación de someterse «a las exigencias de la soberanía financiera.»[ix]

§ 8

Bajo un utópico contrato social, la chusma renuncia a varias facultades para crear un Gobierno que, por medio de leyes, policías, soldados y decisiones judiciales, proteja a la chusma de la misma chusma. Además, bajo un utópico contrato social la gente tiene voz y voto dentro de asuntos importantes por medio de eventos electorales. Debe tener en cuenta que he dicho utópico ya que, en estos días que vivimos, no hay tal cosa llamada contrato social en beneficio de pueblo. Lo que hay es un draconiano contrato entre un explotado pueblo y un omnímodo y omnipotente poder financiero.

Dentro de ese draconiano contrato hay varias cláusulas que dejan bien claro que el enérgico poder financiero es, y siempre será, el soberano. Cabe señalar que una de esas draconianas cláusulas le deja saber a la explotada chusma, en lo pertinente, que si ella desea vivir dentro de una plutocracia capitalista con derechos vigilados y con sondeos de opinión llamados elecciones, tiene que aceptar que los legisladores (la mayoría), al igual que algunos de jueces: (1) estarán al servicio del poder financiero; y (2) siempre tendrán en mente el mejor bienestar del poder financiero cuando surjan conflictos entre los intereses del pueblo y los intereses del poder financiero (el soberano).

Cabe mencionar que las indicadas cláusulas, aunque puedan parecer injustas, lo que hacen es recoger los usos y las costumbres que han sido parte de las plutocracias con derecho al voto y con derechos vigilados. Así, por ejemplo, es por todos conocido que el omnímodo poder financiero o el soberano, en los indicados países (EUA, Italia y España son buenos ejemplos), sufraga las campañas políticas –y le da empleo a familiares de políticos importantes– para que los interesados políticos cumplan con los deseos y planes de los analistas y gerifaltes del poder financiero.[x]

§ 9

Por medio del nuevo contrato social, el poderoso poder financiero (el soberano) obtiene endeudamiento –que es el sometimiento voluntario a la autoridad del poder financiero–, dinero, intereses, obediencia y temor por parte del pueblo y por parte de políticos (electos y nombrados) que viven en países en donde se juguetea a la democracia capitalista, endeudada y neoliberal. El endeudado pueblo, que está sometido a la voluntad del poder financiero aunque goce de ciertas libertades vigiladas, obtiene –por parte del impresionante y mundial poder financiero– préstamos, tarjetas de crédito, centros comerciales, telebasura, espectáculos, fetiches y, además, una prensa chatarra.

Cabe recordar que en caso de no cumplir con los deseos y planes del poder financiero, el sometido y explotable pueblo recibe embargos, ejecuciones de hipotecas, sindicaturas, penalidades, recargos, confiscaciones, reducciones de salarios, recortes de personal y, en los casos más dramáticos, pérdida de puertos, edificios, autopistas, entre otros bienes del país.

§ 10

El famoso contrato social de Rousseau fue destrozado por el poder financiero. Debido a eso, ahora hay un nuevo contrato que indica que usted y sus descendientes son –y serán– meros siervos del poder financiero. Además, ese nuevo y draconiano contrato dice que el poder financiero permitirá, después de que el Gobierno haga los recortes presupuestarios que sean necesarios para que pueda pagarle a los recaudadores del poder financiero, que se ofrezcan servicios básicos. A cambio de eso, según el contrato, usted está obligado a someterse a los deseos, a las reglas y a los planes que tiene el dinámico poder financiero para, por doquier, imponer el explotador capitalismo y el destructivo neoliberalismo.

Otro dato que debe tener en cuenta es que el nuevo contrato social, en donde se ha dejado claramente establecido que el poder financiero internacional es el nuevo soberano, indica: (1) que los políticos estarán bajo el control del poder financiero; y (2) que los empleados y funcionarios públicos no afectarán los intereses del poder financiero.[xi]

Dicho eso, estoy seguro de que usted podría preguntarse cuándo fue que el poder financiero se convirtió en el ingente y único soberano. Eso comenzó a ocurrir cuando los políticos, que no suelen entender mucho sobre asuntos económicos del más alto nivel, comenzaron a ñangotarse ante los representantes de los gerifaltes del poder financiero para solicitar dinero prestado. Ahora, debido al paso del tiempo y debido a la enorme cantidad de dinero (prestado) del poder financiero que ha entrado en los cofres de los distintos Gobiernos, la posición de único soberano que tiene el poder financiero se ha consolidado. Además, nadie puede impedir que el colosal poder financiero siga aumentando su poder, su riqueza y, nos guste o no, su control sobre los quebrados y ñangotados Gobiernos.

Digo que el poder financiero seguirá aumentado el poder que tiene sobre los Gobiernos –particularmente en los endeudados países en donde se juega a la democracia capitalistas y neoliberal– ya que, nos guste o no, los Gobiernos están tan quebrados que tienen –y seguirán teniendo la necesidad– «que financiarse acudiendo a los mercados financieros.»[xii]

§ 11

El poder financiero es una máquina para, con variantes y matices propios de cada país, transformar democracias imperfectas en plutocracias permanentes.

§ 12

Cuando los infelices, pobres, haraposos, explotados y hambrientos se reúnen para hablar sobre inseguridad laboral, injusticias laborales, sindicalización, desigualdad económica y abusos perpetrados por el moderno y salvaje capitalismo, las autoridades, que no son más que perros guardianes del omnipotente poder financiero, tratan a los asistentes de esas actividades como potenciales revoltosos. También es común que las autoridades utilicen agentes encubiertos, informantes y equipos tecnológicos para saber qué se está discutiendo.

Sin embargo, cuando los milmillonarios de reúnen para hablar sobre cómo seguirán haciéndose más ricos, sobre cómo seguirán sacándole dinero a los pobres y sobre cómo seguirán destruyendo derechos adquiridos por parte de humildes y descartables trabajadores, las autoridades protegen a esos perfumados milmillonarios con policías, soldados, guardias de seguridad, antidisturbios, perros, equipos tecnológicos, entre otras fuertes medidas de seguridad. Cuando uno observa eso, además de pensar que la doctrina del maestro Rousseau fue despedazada, no es muy difícil saber quién es el verdadero soberano.[xiii]

§ 13

Dentro del nuevo contrato social, la función del dizque Estado democrático no es la de actuar en beneficio del mejor bienestar del chismoso pueblo. El Estado, bajo el nuevo y draconiano contrato social que existe, tiene el deber: (1) de proteger al poder financiero de la violenta chusma; (2) de utilizar palos, policías, tanques, perros, confiscaciones, gases lacrimógenos, embargos, cárceles y jueces contra las personas que tengan el atrevimiento de desobedecer los planes y deseos del gran poder financiero; y (3) de patrocinar –aunque eso signifique jibarizar presupuestos, botar empleados públicos de bajo nivel y recortar los humildes salarios de los empleados públicos de bajo nivel– los altos salarios y los jugosos bonos de los banqueros, asesores, economistas y analistas que están al servicio del poder financiero.

En fin, todos tenemos que entender que el Estado democrático, endeudado, capitalista y neoliberal, bajo los términos del nuevo y draconiano contrato social, no es más que un poderoso «instrumento de dominio del poder económico» o financiero.[xiv] Por eso se puede decir, aunque haga hervir la sangre, que la voluntad y el mejor bienestar del pueblo han sido reemplazados por la voluntad y el mejor bienestar del poder financiero.

§ 14

La dura realidad de que el poder financiero se ha convertido en el soberano «no resulta tan evidente para el público»,[xv] especialmente para la gente que vive en países endeudados en los que se está jugando a la democracia capitalista y neoliberal. Ello se debe a que, principalmente, mientras el poder financiero ha estado enfocado en consolidar su poderío, el explotable pueblo ha estado entreteniéndose: (a) en sus centros comerciales; (b) en sus espectáculos; (c) con sus nimiedades familiares; (d) con su telebasura; (e) con su Internet basura; y (f) con los cachivaches electrónicos.

El hecho de que los monos humanos, regularmente, «somos incapaces de tolerar la realidad»[xvi] es otra razón por la cual muchísimas personas no aceptan –o se les hace difícil comprender– que el poderoso poder financiero se ha convertido en el soberano. Esas personas, que usualmente no sacan tiempo para analizar con profundidad lo que está ocurriendo en el día a día, viven con la rousseauniana idea (y la defienden) de que el banal pueblo es el soberano y, además, tienen la necesidad psicológica de sentirse parte del «chusma-soberano» rousseauniano. Pensar y aceptar que el poder financiero está por encima del pueblo y del poder público, que es una dura realidad que no tiene compatibilidad con la idea que se han formado sobre la palabra democracia, les resulta muy difícil de aceptar a las indicadas personas.

§ 15

Lo más horrible dentro de la Ciencia Política, y tenga en cuenta que hay varios asuntos que son horribles, es ver y escuchar que la democracia popular e imperfecta (ninguna democracia es perfecta) ha sido despedazada por las multinacionales y, sobre todo, por el poder financiero.

§ 16

Usted vive en un país en donde el dinero «permite que ricos y poderosos grupos de interés influencien las elecciones y dominen el proceso legislativo.»[xvii] Usted vive en un país en donde, además, todo lo que la gente realiza por medio de un artefacto electrónico que está conectado a la red de Internet está siendo, con y sin órdenes judiciales, vigilado por varias agencias de inteligencia. Y no puede olvidar, asimismo, que usted vive en un país en donde existe una estrecha relación entre el poder financiero y los principales medios de comunicación. De hecho, los principales medios de comunicación –la inmensa mayoría– son propiedad de personas que están estrechamente relacionadas con el poder financiero.

Cabe indicar que esa estrecha relación entre el poder financiero y los medios de comunicación, permite que el soberano (el poder financiero) tenga la poderosa capacidad de «formar las percepciones y opiniones en la sociedad.»[xviii] Por eso se puede sostener que el poder financiero y sus principales medios de comunicación, por así decirlo, son los pastores de ese gran ganado llamado el pueblo.

Por tanto, si usted vive en un país como el descrito usted no puede expresar ni sostener que usted vive en una democracia. No olvide, aunque escuche a sus favoritos demagogos hablando sobre las supuestas maravillas de la democracia antes descrita, que la «democracia se ha convertido en un instrumento de dominio del poder económico y no tiene ninguna capacidad de controlar los abusos de este poder.»[xix]

§ 17

Un buen profesor de Ciencia Política, lo primero que les enseña a sus estudiantes es que el poder financiero está por encima del poder político. Lo segundo que hace el mencionado profesor es enseñarles a sus estudiantes que el poderoso poder financiero, el auténtico soberano dentro de toda democracia capitalista, endeudada y neoliberal, utiliza sus billetes y sus conexiones políticas para «poner gente con mentalidad afín en posiciones clave» dentro del poder político.[xx] Como parte de la discusión, el profesor les enseña a sus alumnos que el poder financiero realiza lo antes mencionado para asegurarse de que sus planes, usualmente hechos por mentes eficaces, se cumplan.

Además de lo anterior, un buen profesor universitario de Ciencia Política les enseña a sus estudiantes que hay una insalvable incompatibilidad entre democracia y poder financiero. Es decir, el profesor les enseña a sus estudiantes que si el poder financiero –que tiene el control de la Bolsa, de las agencias de calificación de crédito, de los bancos de inversión y de los medios de comunicación que leen los millonarios que invierten dinero– está «por encima de la ciudadanía y los Gobiernos se pliegan a sus exigencias, no hay democracia.»[xxi]

§ 18

Cuando se hable de gente brillante, además de tener en cuenta a los científicos extraordinarios, siempre se debe hablar sobre las personas que laboran para el omnímodo poder financiero. Recuerde que las personas –casi todas– que están en el tope del poder financiero, son personas inteligentes y astutas. Además, los inteligentes gerifaltes del poder financiero hacen todo lo posible, incluyendo gastar millones de dólares, para reclutar únicamente a las mentes más brillantes, astutas y frías. Es por eso que, por ejemplo, Moody's Corporation, el Fondo Monetario Internacional, McGraw Hill Financial, The Goldman Sachs Group, Fitch Group y otras poderosas, permanentes y mundiales firmas financieras, únicamente contratan a personas que cumplan con los mencionados requisitos.

Esa perfecta combinación de inteligencia, egoísmo, frialdad y astucia, es la que ha permitido que el poder financiero: (1) haya aglutinado dentro de sí al poder económico y al poder comercial; y (2) se haya convertido en el soberano mundial. Y esa combinación de inteligencia, astucia, egoísmo y frialdad en las altas esferas del poder financiero es la que, por medio del capitalismo salvaje y por medio del espejismo de la tan deseada democracia, ha causado que estemos viviendo «bajo una plutocracia, bajo el gobierno de los ricos.»[xxii]

§ 19

Los gerifaltes del poder financiero, que cenan con jueces, senadores y milmillonarios, saben que sus hijos: (1) no tendrán que someterse a la esclavitud laboral; y (2) no tendrán la necesidad de ñangotarse para obtener un mendrugo de pan. Digo eso ya que esos ricos y poderosos, se aseguran de que sus hijos hereden enormes fortunas.

A eso se suma que los mencionados gerifaltes, que tienen el dinero para atenderse con los mejores médicos y para alimentarse de las mejores maneras posibles, mueren con cierta tranquilidad ya que saben que sus hijos desarrollaron sus talentos a plenitud por medio de la educación de calidad. Digo eso ya que los hijos de los gerifaltes del poder financiero y los hijos de los millonarios, por lo regular, suelen educarse en Harvard, Brown, Oxford, Princeton, Cambridge, Stanford, entre otras instituciones de educación superior de alta calidad.

Lo antes dicho es muy distinto en el caso de los hijos de los ciudadanos de a pie. Los hijos de los ciudadanos de a pie, mientras los hijos de los gerifaltes del poder financiero obtienen importantes y altos puestos dentro del Gobierno y dentro de la empresa privada, están condenados a la esclavitud laboral. Además, los hijos de los ciudadanos de a pie están condenados a estudiar, si es que lo pueden hacer, en instituciones de educación superior de baja calidad. Y no podemos olvidar que los hijos de los ciudadanos de a pie, sin contar las siempre existentes excepciones: (1) no suelen tener la «oportunidad de desarrollar sus talentos a plenitud»; y (2) no suelen tener conexiones políticas ni sociales para ocupar puestos importantes y prestigiosos dentro del mundo laboral.[xxiii]

Por eso es que –sin contar las excepciones– los hijos y las hijas de los ciudadanos comunes y corrientes, mientras los hijos y las hijas de los gerifaltes del poder financiero ocupan puestos importantes y prestigiosos, están condenados a ser maestros, cocineros, policías, guardias de seguridad, cajeros de tiendas, limpiadores de letrinas, recepcionistas, plomeros, limosneros, albañiles empacadores, limpiabotas, taxistas y empleados (de bajo nivel) de Walmart.

§ 20

Millones de seres humanos, en especial millones que viven en países capitalistas, neoliberales y endeudados en los que se puede conseguir algo de comodidad por medio de las conexiones políticas y sociales, adoran derrochar horas de vida viendo series de televisión que están relacionadas con el horror y el drama. Realmente hay que ser un imbécil para, olvidando que la vida es corta y olvidando que el tiempo es valioso, utilizar muchísimas horas de vida para ver esas ficciones. Cuando uno cuenta todas las horas que desperdicia un ser humano viendo los mencionados programas de televisión, sale a relucir que ese ser humano ha derrochado (de manera acumulativa) varios años de vida viendo televisión.

Dicho eso, tengo que decir que la vida real nos ofrece mejores dramas y mejores horrores que los programas de televisión. Es por eso que la persona que está bien dotada intelectualmente, que también tiene la necesidad de divertirse ocasionalmente, prefiere seguir y analizar los dramas y los horrores de la vida real que los horrores y dramas de la televisión y del cine. Y para muchas de esas mentes, uno de los mejores dramas –que si se analiza con profundidad se notará que pertenece a la categoría de horror– «de nuestro tiempo es que existe un poder –el único poder que hay en el mundo, el financiero– que ¡no es democrático!»[xxiv]

Capítulo dos
El soberano es el poder financiero

§ 21

El supremo poder (llámele como le guste) financiero o económico, que es el soberano en todo país republicano en donde se juegue a la democracia capitalista y endeudada, es la punta de la pirámide del poder público. Es decir, el poder ejecutivo, el poder legislativo y el poder judicial están por debajo del poder financiero. Y ese poderoso y supremo poder financiero, por más que grite y patalee la chusma: (1) no está sujeto a cambios; y (2) suele controlar a los líderes del poder ejecutivo, a la mayoría de los legisladores y a gran número de jueces –especialmente a jueces de laboran en tribunales apelativos–.

Es por eso que, en estos días que vivimos, todo el monstruo gubernamental –como, por ejemplo, los Ministerios de Hacienda, las oficinas de los patrañeros jefes de Gobierno y las oficinas de los costosos jefes de Estado– está al servicio (también se podría decir que está al principal servicio) de los deseos, de los planes, de los intereses y de las inversiones de ese todopoderoso y único soberano llamado el poder financiero. Por eso es que usted, que ahora sabe lo anterior, cada vez que escuche a una persona diciendo que su país es dizque una república democrática, debe recordarle a dicha persona que el poder ejecutivo, el poder legislativo y el poder judicial –al igual que el pueblo con derecho a votar– están por debajo del «poder económico» o financiero.[xxv]

§ 22
Si usted quiere saber quién tiene el control del mundo, compare los palacios del poder financiero – incluyendo los palacios de las multinacionales, los palacios de las grandes empresas y los palacios que están dentro del sector financiero y comercial de la ciudad de Nueva York– con los edificios de los poderes públicos. Eso, por lo menos, le dará una pista.

§ 23
Los reyes, cuando eran reyes de verdad, decían que ellos cumplían con la obra de la inexistente cosa llamada dios. Para esos defecadores con coronas, ellos habían sido elegidos por la inexistente cosa llamada dios para gobernar sobre la chusma. Ahora, los que dicen esas patrañas son algunos de los más altos representantes del poder financiero. Algunos de esos ricos, creen que los banqueros más importantes «no hacen más que cumplir con la obra de Dios.»[xxvi] Y por creer eso, esos ricos representantes del todopoderoso poder financiero creen que la inexistente cosa llamada dios (o el arquitecto del Universo), que siempre desea ofrendas y billetes, les ha ordenado gobernar sobre los pueblos y sobre los poderes públicos.

§ 24
Cuando el Gobierno de un país no tiene dinero para poder pagar todas sus obligaciones, incluyendo los salarios de los empleados, tiene la obligación de pedirle dinero prestado al poder financiero. Una vez ocurre ese evento, el poder financiero asume el timón económico y financiero del país. Además, el jefe de Gobierno o el jefe del Estado de ese país tiene la obligación: (1) de atender todos los reclamos del poder financiero; (2) de mantener la confianza del poder financiero; y (3) de acceder «a múltiples peticiones de los inversionistas.»[xxvii]

§ 25

No es mala idea que este pequeño planeta sea gobernado y controlado por el omnipotente poder financiero –el soberano–. Cuando uno ve lo que hace el pueblo con su tiempo libre, y cuando uno escucha y lee las sandeces que expresan y escriben las personas comunes y corrientes, verdaderamente uno no puede más que favorecer que el poder financiero, con su misión del nuevo orden mundial, gobierne este pequeño valle de sufrimientos infinitos que, pasmosamente, está lleno de gente que prefiere perder el tiempo viendo Internet y televisión chatarra que leyendo un libro escrito por un ganador del Premio Nobel.

§ 26

En los países democráticos, neoliberales, capitalistas y endeudados, los niños no nacen libres. Desde que salen de las barrigas maternas, los niños están obligados a llevar las pesadas cadenas del endeudamiento gubernamental. Las contribuciones de esos niños para con el soberano, el poder financiero, las cumplen sus progenitores cada vez que compran bienes para su beneficio. Recuerde que en los mencionados países, ya sea por medio de un impuesto sobre las ventas o por medio de un impuesto general sobre todos los bienes que entran al país, es obligatorio pagar impuestos. Y una enorme tajada de los impuestos que recolecta un país democrático, endeudado y capitalista, termina en los bolsillos del poder financiero.

Por consiguiente, cada vez que un progenitor compra, entre otros bienes, vestidos, alimentos, medicinas, golosinas, juguetes y libros para su hijo, ese hijo, por medio de su progenitor, cumple con su responsabilidad económica en beneficio del soberano (el poder financiero).

§ 27

Aceptar que el soberano es el poder financiero internacional, y no el chismoso y violento pueblo, es un asunto difícil de aceptar. Eso no es raro, ya que resulta «difícil aceptar nueva información que sea incompatible con la historia que uno se ha formado.»[xxviii] Y la incorrecta historia que nos hemos creído por largo tiempo, es la que sostiene que en los países endeudados y supuestamente democráticos: (a) el soberano es el pueblo; y (b) el Gobierno debe obedecer la voluntad del pueblo. Eso es totalmente erróneo, y en este siglo XXI la dura verdad de que el auténtico y único soberano es el poder financiero internacional se aprecia con mucha claridad.

Es por eso que si uno analiza el asunto con sensatez y profundidad uno puede notar que «los decididores y los dueños del dinero», también conocidos como el poder financiero, son «quienes aquí y allá resuelven lo esencial, al margen de las llamativas controversias y carantoñas de los políticos de turno.»[xxix]

§ 28

Si usted vive en un país donde, además de jugarse el juego de la democracia capitalista y quebrada, es frecuente que personas del ámbito financiero y empresarial ocupen altas posiciones dentro del Gobierno, tengo que recordarle que usted no debe entusiasmarse mucho a la hora de participar en una elección general para dizque escoger al gobernante de su endeudado país. Le digo eso ya que, vote como vote, ni usted ni sus estresados conciudadanos podrán cambiar esa dura realidad que demuestra que el poder público, especialmente en los países democráticos que tienen unas deudas monumentales, o es «un rehén del poder financiero o está conchabado con él.»[xxx]

§ 29

Antes de cumplir con los deseos del pueblo, los Estados modernos que juegan a la democracia endeudada y capitalista tienen que cumplir con los deseos, intereses e inversiones del conchudo poder financiero. Eso lo tienen que hacer aunque se perjudiquen los servicios básicos y directos en beneficio del murmurador y violento pueblo. Es por eso que, por ejemplo, los Estados suelen hacer significativos recortes en sus respectivos presupuestos para poder cumplir con los intereses, planes, necesidades e inversiones del indolente soberano (el poder financiero).

Lo antes dicho, particularmente cuando uno observa a los políticos haciendo recortes presupuestarios –al igual que cuando uno observa a los políticos vendiendo, alquilando o privatizando autopistas, edificios públicos, aeropuertos y peajes–, demuestra que el poder financiero, por ser el verdadero soberano, siempre ocupa la primera posición a la hora de obtener dinero de las arcas gubernamentales. También demuestra lo antes dicho que los Estados que juegan a la democracia capitalista y neoliberal, «precarizando o desmantelando lo público»,[xxxi] son súbditos del rico y conchudo poder financiero.

§ 30

No hay cosa más sin sentido que eso de que el pueblo, la chusma consumista, embustera y murmuradora, es el soberano. El verdadero y único soberano, que tiene el poder para controlar, dominar y comprar a los políticos electos y a los funcionarios que trabajan para los políticos electos, es el conchudo y omnipotente poder financiero. Y digo que el poder financiero (el soberano) es omnipotente ya que, como saben muchos economistas y muchos inversionistas, en todo el planeta se percibe esa «capacidad casi de ser divino y omnipotente que tiene el poder financiero.»[xxxii]

§ 31

Los seres humanos, como mínimo la mayoría, «son idiotas.»[xxxiii] Clara prueba está en que en muchos países en donde se juega a la democracia capitalista y neoliberal, muchas personas –creyendo que sus países son libres– se pasan participando en actividades que están relacionadas con independencia y patriotismo. Así, por ejemplo, en el narcoestado de México abundan las personas que participan en actividades relacionadas con la independencia. Mientras que en España, en donde el principal trabajo de los reyes es follar, pasear, comer y defecar, millones de personas se entusiasman al participar en actividades relacionadas con la dura y endeudada democracia española y, además, con la costosa monarquía.

Al parecer, las mencionadas personas olvidan que sus capitalistas, endeudados y amados países no son independientes ni libres. Sus queridos países, por más himnos y banderas nacionales que tengan –y por más elecciones que celebren–, son siervos del poder financiero. En fin, la idiotez es tan alta a nivel mundial –y destacadamente alta en los países donde se juega a la democracia capitalista– que la gente olvida, mientras participa en las mencionadas actividades, que el omnipotente «poder financiero» es el que, por encima de presidentes, gobernadores, alcaldes, legisladores, reyes, ministros y banderas nacionales, manda «en el mundo.»[xxxiv]

§ 32

El poder financiero, que imparte instrucciones por doquier, es el soberano dentro de este capitalista y neoliberal valle de lágrimas llamado planeta Tierra. El resto de los seres humanos, incluso los policías y los soldados, somos parte de un prescindible, enorme y aprovechable ganado.

§ 33

Las personas que adoran las teorías de conspiración, creen y dicen que se está trabajando para establecer un gobierno único y mundial. Mientras que los académicos de pacotilla que adoran sus fiestecitas con vinos, quesos y camarones, dicen que la Organización de las Naciones Unidas –que no ha hecho nada para militarmente detener los asesinatos que Israel comete dentro de Palestina– es un gobierno mundial. Pues bien, les digo a las mencionadas personas que el indolente poder financiero, «actualmente, es el único poder global o mundial no limitado por fronteras nacionales. Y es la función dominante en el sistema social mundial, pues todas las demás funciones dependen directa o indirectamente de él para existir.»[xxxv] Por consiguiente, cuando se hable sobre un gobierno mundial, sobre una organización mundial o sobre un grupo con poder mundial, no puede quedar fuera de la discusión el poder mundial del indolente y omnímodo poder financiero.

§ 34

Todo país, en especial todo país que juegue a la democracia capitalista y neoliberal, puede ser reducido a la condición de esclavo endeudado por medio del dinero que le presta el omnipotente poder financiero. Cuando eso ocurre: (1) el dueño de ese endeudado país es el poder financiero; y (2) el mencionado país deja de ser un país libre y se convierte en siervo del poder financiero.[xxxvi] Digo eso ya que, aunque se disfruten de varias libertades civiles, la realidad enseña que un país que no sea «económicamente libre» no puede decir que es libre.[xxxvii] Y la gente que vive en un país que está encadenado por los intereses, los préstamos, las inversiones, las deudas y los planes del poder financiero, pierde la capacidad para poder decir que es el soberano dentro de su quebrado y dizque democrático país.

§ 35

La morralla, que adora la telebasura, adora sus días festivos. Así, por ejemplo, la chusma que vive en América celebra el día del descubrimiento de América. Y los murmuradores y pendencieros puertorriqueños, celebran el día del descubrimiento de Puerto Rico. Pues bien, ya que la gente adora establecer y celebrar días festivos creo que todos los países del mundo, en especial los que tienen muchos centros comerciales y muchas zonas financieras, deberían establecer un nuevo día festivo y oficial. Ese nuevo día oficial y festivo, se llamaría el día del poder financiero o el día del dueño del mundo.

Por medio de ese día festivo se le recordaría a la explotada chusma de que el poder financiero, hechas las sumas y las restas, es el que «detenta el poder político.»[xxxviii] También serviría el mencionado día festivo para que el populacho, que adora perder el tiempo en insignificancias, recuerde que decir y creer que el soberano es el pueblo es una infundada creencia. Particularmente cuando se sabe que los conchudos mandamases del poder financiero, con todas las puntualizaciones y matices que hagan falta, tienen el control de la economía, de las bolsas de valores, de Wall Street, de las deudas gubernamentales, de las arcas gubernamentales, de las inversiones de los millonarios, de las legislaturas, de los rascacielos y, pese a quien pese, de una buena cantidad de jueces que bregan con asuntos financieros de alto nivel.[xxxix]

§ 36

Los enormes palacios del poder financiero, al igual que la vigilada zona de Wall Street, sirven para darnos una buena pista de cuán enorme es nuestra insignificancia dentro de los juegos de poder.

§ 37

Todas las monarquías que quedan en Europa, deben ser eliminadas. Hace tiempo que los reyes europeos, que decían que la inventada cosa llamada dios había dicho que ellos debían gobernar sobre los pueblos, perdieron la justificación para gobernar. Digo eso ya que, sin contar que en los países europeos existen ministros que están por encima de los reyes a la hora de gobernar en el día a día, por encima de todas las monarquías europeas hay un conchudo emperador llamado el poder financiero internacional. Y ese omnipotente poder financiero es el que: (1) le da instrucciones a los ministros europeos y a los jefes de Gobierno; y (2) tiene la capacidad para humillar a los reyes, a los ministros y a los jefes de Gobierno. Ejemplo de ello es que el poder financiero, durante el siglo XXI, le dobló el brazo al rey de España y le dobló el brazo al presidente del Gobierno de España. Por eso es que el Gobierno de España, en el siglo XXI, sigue al pie de la letra los planes de austeridad que fueron elaborados por los analistas y ejecutivos del poder financiero.

En fin, en estos días que vivimos: (1) es grotesco ver que todavía queden reyes en Europa; y (2) es caricaturesco ver a los reyes y a las reinas opinando sobre asuntos laborales, empresariales y financieros. Especialmente cuando todo el mundo sabe que, desde hace largo tiempo, «en España, en Europa y en el mundo gobierna el poder financiero...».

§ 38

Ser parte del omnipotente poder financiero tiene sus ventajas. Una de esas ventajas, es que existe la posibilidad de comprar una salida exitosa en caso de cometer actos delictivos altamente dañinos. Así, por ejemplo, mientras doña Cana, una ciudadana de a pie, tendría que cumplir meses o años de cárcel si tiene el atrevimiento de cometer un gran fraude vendiendo carteras pirateadas, las altas esferas del poder financiero pueden pagarles millones de billetes a las autoridades para que cierren investigaciones relacionadas con acciones indebidas y dañinas.[xii]

Ejemplo de ello proviene desde el palacio central del Banco de América. Digo eso ya que la alta plana de ese poderoso banco, que es parte del poder financiero, permitió que intencionalmente se vendieran «miles de millones de dólares en préstamos tóxicos, cuya calidad y nivel de riesgo transfiguraron a sabiendas a los inversores y al gobierno estadounidense.»[xiii]

Como consecuencia de esa acción, el Gobierno de los Estados Unidos de América abrió varias investigaciones para fijar responsabilidades y para calmar los ánimos del pueblo. Sin embargo, antes de mayores consecuencias la alta plana del Banco de América le entregó al mencionado Gobierno un cheque por unos dieciséis mil quinientos millones de dólares. Gracias a eso: (1) el Departamento de Justicia de los Estados Unidos de América cerró las investigaciones; y (2) ningún mandamás del Banco de América ha sido –por la conducta antes descrita– criminalmente procesado.

Otro buen ejemplo proviene desde el palacio central de ese poderoso grupo financiero llamado Citigroup. Digo eso ya que durante el año 2014, mientras las autoridades de EUA abusivamente encarcelaban a cientos de miles de adictos por el mero hecho de tener drogas ilícitas para uso personal, los amos del mencionado grupo financiero le pagaron siete mil millones de dólares al Departamento de Justicia de los Estados Unidos de América para que, en beneficio del capitalismo y del neoliberalismo salvaje, cerrara varias investigaciones relacionadas con el diseño y la venta intencional de «hipotecas tóxicas.» Cabe recordar que las hipotecas tóxicas fueron una de las principales razones que provocaron la crisis financiera del siglo XXI, «la peor desde la Gran Depresión.»[xliii]

Otro ejemplo proviene desde el esplendoroso palacio de la firma Morgan Stanley, ubicado en la ciudad de Nueva York. Digo eso ya que los jefes de dicha firma financiera, mientras cientos de personas fueron arrestadas (en 2015) por fumar marihuana, tomaron la decisión de pagarle a las autoridades de EUA unos dos mil seiscientos millones de dólares para cerrar varias demandas y varias investigaciones relacionadas con las hipotecas basura. Cabe mencionar que la investigación demostró que los ricos bandoleros de Morgan Stanley, que al parecer tienen inmunidad penal, «engañaron a los inversores al sobrevalorar bonos hipotecarios que [...] tenían un enorme riesgo de impago e, incluso, eran morosos.»[xliv]

§ 39

Los conchudos gerifaltes del poder financiero, continuamente son criticados por desear poder político y económico. También abundan las críticas que sostienen, correctamente, que el poder financiero ha logrado dominar a las empresas locales y a los poderes públicos. Por eso abundan los análisis que certifican que el omnipotente poder financiero, por medio de sus billetes y por medio de sus inversiones, tiene el control de las «democracias del mundo entero.»[xlv]

Ahora bien, si se analiza el asunto con profundidad y serenidad se podrá ver que no tiene nada de malo que el poder financiero haga lo anterior. Digo eso ya que, salvo raras y dichosas excepciones, en todo humano hay «sed de poder y dominación.»[xlvi] Y los gerifaltes del poder financiero, que tienen la misma sed de poder y dominación que existe en todo ciudadano de a pie, lo que han hecho es organizar, dirigir y perfeccionar dicha sed de poder y dominación para, a mayor escala, tener el dominio de casi todo.

§ 40

El omnipotente poder financiero, la élite suprema a nivel mundial: (1) hace negocios con los dueños de los medios de comunicación; (2) tiene medios de comunicación; (3) hace todo lo posible para no arrojar tanta luz sobre sus propias acciones; (4) contrata a personas brillantes, frías y educadas; y (5) ha unificado al poder económico, al poder comercial, al poder empresarial y, sobre todo, a la prensa. Además, el poder financiero se ha tragado a los poderes públicos.

Es por eso que, pese a quien pese, el próspero poder financiero es –y seguirá siendo de esa manera– el más duro que habla en este valle de sufrimientos infinitos. Y es por eso que, además, los cerebros humanos (la mayoría) están contaminados con las ideas e interpretaciones de la realidad de esa gran élite que tienen el control del poder económico, de las producciones cinematográficas y de los principales medios de comunicación.[xlvii]

§ 41

El omnipotente y mundial poder financiero, mientras la chusma disfrutaba de su telebasura y de sus trivialidades familiares, trabajó tenazmente para convertirse en el amo del mundo. Es por eso que el poder financiero, hoy en día –y siempre será así–, «controla y domina sobre cualquier actividad económica.»[xlviii] De hecho, una profunda mirada dentro del poder financiero demuestra que dentro de ese enorme poder hay, entre otros millonarios, empresarios, banqueros, inversionistas, petroleros y comerciantes. Por esa perfecta e inquebrantable unión de todas las fuerzas económicas y empresariales, al igual que por el hecho de tener vastos recursos para contratar a las mejores mentes del planeta, es que el poder financiero se ha convertido en el soberano mundial.

§ 42

Las depresiones económicas, tanto las largas como las cortas, suelen ser, a pesar de los estragos y de los suicidios, muy educativas. Digo eso ya que, gústenos o no, durante una depresión económica o durante una gran depresión económica, los preocupados y realistas habitantes del devastado país comprenden a cabalidad: (a) cuál es la verdadera situación económica de su país; y (b) que ellos son –y siempre han sido– siervos de los gerifaltes del poder financiero.

§ 43

El enérgico poder financiero adora las guerras, los conflictos armados y las devastadoras epidemias. Ello, ya que durante o después de los conflictos armados y durante o después de las ruinosas epidemias, puede prestarle millones de billetes a los países afectados. Y esas acciones suelen brindarle al poder financiero, a lo largo del tiempo y por medio de los intereses, buenas ganancias económicas y buenas oportunidades para hacer lucrativos negocios.[xlix] A lo dicho se suma que el poder financiero, que no tiene piedad ni miedo, por medio del mencionado endeudamiento gubernamental logra solidificar su posición sobre el agobiado pueblo y sobre el fastidiado Gobierno.

Capítulo tres
Los políticos obedecen al poder financiero

§ 44

En la inmensa mayoría de los países, pero en todos los países endeudados que dicen ser democracias capitalistas y neoliberales, los eventos electorales son meros sondeos de opinión. También se puede decir que tales eventos: (1) tienen la finalidad de entretener a las chusmas; y (2) tienen la finalidad de hacerles creer a las chusmas que ellas son las que –por medio del voto– tienen el poder.

Sostengo todo lo anterior ya que, en la dura realidad, los eventos electorales más importantes no son más que reflejos del verdadero soberano, es decir, del poder financiero. Es por eso que, por ejemplo, en Francia, en los Estados Unidos de América, en el Reino Unido y en otros países dizque democráticos, los presidentes, ministros y gobernantes son impuestos por el poder financiero. Nadie, por más famoso y bonachón que sea, puede ocupar la más importante silla gubernamental –tanto del Poder Ejecutivo como del Poder Legislativo– sin previamente haber obtenido el aval de ese soberano internacional llamado el poder financiero.

§ 45

Las chusmas que viven en países endeudados, democráticos y capitalistas, tienen que entender que no vale la pena participar en eventos electorales. Los eventos electorales son –y seguirán siendo– una gran estafa. No importa que el partido Z o que el partido A obtenga la mayoría de los votos de la chusma, puesto que el poder financiero (el auténtico soberano) es el indiscutible gobierno dentro de toda democracia capitalista o cosa que se parezca.

Cuando uno sabe eso, y cuando uno sabe que los falsarios y marrulleros políticos que ganan los más altos puestos electorales tienen la obligación de ñangotarse ante la presencia de los permanentes, pocos y lúcidos representantes del gran poder financiero, uno se da cuenta de que los gobiernos, las legislaturas, las mansiones de los gobernantes y los eventos electorales no son más que espejismos, «más o menos reales», de un sistema democrático.

§ 46

Para el poder financiero, que es el verdadero soberano, los eventos electorales que acontecen en los supuestamente países democráticos no son ningún problema. Para empezar, las personas que compiten en los eventos electorales más importantes dentro del sistema político suelen ser previamente seleccionadas por los miembros del todopoderoso poder financiero (el soberano). Y para convencer a la explotada chusma, el millonario soberano (el poder financiero) gasta millones de dólares en publicidad para asegurarse de que sus escogidos sean seleccionados. Además, el soberano (el poder financiero) utiliza sus múltiples medios de comunicación –entre ellos varias de esas afamadas bitácoras electrónicas– para llevarle el mensaje a las chusmas.

En el caso de los gobernantes y de los políticos locales de poca importancia, que suelen ser seleccionados por medio de las disparatadas mentes de la explotada chusma, el soberano (el poder financiero) también suele tener el control. Digo eso ya que la mayoría de esos políticos, a pesar de haber sido seleccionados por razones incoherentes, una vez juramentan son comprados por el soberano (el poder financiero), en especial si el soberano tiene intereses económicos en las zonas.

Quien, después de todo esto, todavía albergue alguna duda debería leer las palabras del **Dr. Richard J. Roberts, premio Nobel de Medicina**. Digo eso ya que ese genio nos enseñó que los políticos, en especial en los países en donde se juega a la democracia endeudada, «son meros empleados de los grandes capitales que invierten lo necesario para que salgan elegidos sus chicos, y si no salen compran a los [políticos] que son elegidos.»[ii]

§ 47

En los papeles– libros, folletos, sentencias, etc.– hay separación de poderes. También hay separación de poderes a la hora de realizar las funciones gubernamentales. Así, por ejemplo, hay personas que juzgan, hay personas que legislan y hay personas que administran. A eso se suma que, uno puede ver la separación de poderes por medio de los distintos edificios que albergan a cada uno de los tres poderes del Estado.

Ahora bien, en la realidad no existe tal cosa llamada separación de poderes en los países donde se juega a la democracia capitalista, consumista y endeudada. En esos países, los tres poderes –y también el cuarto poder llamado la prensa tradicional y manipulada– están obligados a proteger los intereses y los planes de ese gran emperador llamado el poder financiero.

Además, el omnímodo poder financiero (el soberano) se encarga de colocar sirvientes en las más importantes sillas de los tres poderes gubernamentales. Eso lo hace para asegurarse de que sus planes, intereses, inversiones y deseos se respeten y se cumplan. Es por eso que, cuando se trata de bregar con asuntos que afectan directamente los intereses del poderoso y rico soberano llamado el poder financiero, las tres ramas del Gobierno suelen trabajan al unísono. Y cuando lo hacen, siempre lo hacen pensando en el mejor bienestar de los intereses del poder financiero.

Quien, después de haber leído todo lo anterior, todavía albergue alguna duda, le recomiendo que lea las palabras de **José Saramago, premio Nobel de Literatura**. Digo eso ya que el maestro José Saramago, antes de morir, nos enseñó que «por encima de lo que llamamos el poder político hay otro poder no democrático, el económico, que desde arriba le determina toda la vida a un poder que está por debajo.»[liii]

§ 48

Se sabe, desde hace mucho tiempo, que «la gran mayoría de los seres humanos está constituida de tal forma que no puede, siguiendo su naturaleza, tomarse nada en serio salvo comer, beber y reproducirse.»[liiii] Debido a eso, es inconcebible pensar que la chusma podría tener la capacidad intelectual para apropiadamente gobernar. Por eso no es tan malo que exista un supremo poder financiero que, por estar por encima de los poderes políticos, meta sus manos de oro, hierro y sangre a la hora de seleccionar altos funcionarios, ministros y jefes de Gobierno.

Por medio de ese supremo y permanente poder, que también comete atrocidades, se le da algo de estabilidad al mundo. Si se dejara que la chusma impusiera su voluntad en todos los asuntos del mundo, el caos mundial sería mayor y seguramente no pasaría mucho tiempo para que un «plebe-jefe» de Gobierno irracionalmente seleccionado por la odiosa chusma, que seguramente sería una persona sacada de las listas de los artistas, juglares, deportistas, cocineros y presentadores de televisión más famosos, apretara el botón de las bombas químicas y nucleares.

En fin, aunque el poder financiero –el soberano– no es un santo, la realidad es que dejarle el destino del mundo a la chusma y a sus grandiosas «chusma-ideas» sería un asunto catastrófico. Cuando uno mira lo que ocurre dentro de la sociedad, al igual que dentro de ese paraíso de pedófilos llamado la inmunda iglesia católica, lo que uno encuentra son grandes dosis de «hedonismo», necedad, envidia, habladuría, «consumismo», «superficialidad», «insolidaridad» «banalidad» y «corrupción.»[liv]

§ 49

El hecho de que el omnipotente poder financiero se haya convertido en el soberano mundial, es un asunto que está a tono con los tiempos. Digo eso ya que, en estos días que vivimos, la mayoría de la gente que vive en países capitalistas, democráticos y neoliberales, que adora perder el tiempo en los medios sociales y electrónicos, piensa que el valor de una persona se mide por el dinero que tenga y por la chatarra fama que haya alcanzado. Y si en los mencionados países hay un fuerte consumismo, la gente también suele tomar en cuenta –a la hora de asignarle valor a una persona– la cantidad de cachivaches lujosos y costosos que tenga la persona.

Debido a lo antes dicho uno puede ver y escuchar que la mayoría de la gente, en los descritos países, utiliza la fama chatarra y el éxito socioeconómico para crear fetiches, para seguir las ocurrencias de sus fetiches y, más irrazonable todavía, para determinar quiénes deben ser escuchados y admirados. También uno puede ver que la mayoría de la gente, ilógicamente, utiliza la fama chatarra y el éxito socioeconómico para otorgar premios, beneficios y aplausos. Por eso es frecuente que artistas y músicos populares y ricos, al igual que deportistas ricos y famosos: (a) sean premiados con doctorados *honoris causa;* y (b) sean escuchados como si fuesen oráculos.

Debido a todas esas absurdeces uno puede ver que casi todo el mundo, sin haber realizado contribuciones significativas en beneficio de las ciencias y del conocimiento humano, quiere ser famoso y rico. También uno puede ver, especialmente dentro del grotesco y chismoso populacho, que «el culto fanático del dinero ha impuesto un estilo desembozadamente egoísta.»[lv]

Pues bien, debido a que vivimos en la civilización del dinero no debe causar molestia saber que «es el dinero el que da derechos.»[lvi] Tampoco debe causar conmoción, ya que la gente desea vivir en la civilización del dinero, saber: (1) que el dinero del poder financiero está por encima de los poderes públicos; (2) que el dinero del poder financiero es el que mueve –principalmente– a los políticos; y (3) que el dinero del poder financiero logra que se tomen «decisiones políticas importantes.»[lvii]

Por tanto, como hemos creado una chatarra sociedad del dinero no podemos sentirnos mal al saber que vivimos dentro de un repugnante sistema: (a) donde los muchos billones de billetes de los gerifaltes del poder financiero les dan «de comer al poder político»; y (b) donde el poder político –comportándose de la misma manera que el pueblo– «se comporta (...) de acuerdo con los intereses de quién le ha dado de comer.»[lviii]

§ 50
¡Triste época la nuestra! El poder financiero le da instrucciones al poder público.

§ 51
El Estado moderno no es sino un comité que tiene que defender y respetar los intereses del poder financiero.

§ 52

Si usted vive en uno de esos países en donde, además de jugarse el juego de la democracia capitalista, los bancos y las multinacionales tienen los edificios más altos, costosos y majestuosos, lamento tener que decirle que usted no vive en una democracia o, como yo le llamo, en una «chusmacracia». Usted, debido al hecho de que el indestructible y poderoso poder financiero «manda sobre el político»,[ix] vive en una plutocracia con derecho a un sondeo de opinión llamado elección. Y digo sondeo de opinión ya que los políticos de más alto nivel dentro de su país, no los pintorescos y burlescos políticos electos de bajísimo nivel, son ubicados en sus puestos políticos: (1) por medio de los planes del poder financiero; y (2) con la ayuda de los billetes y de los medios de comunicación del poder financiero.

§ 53

Si usted, debido a lo que aprendió en sus estudios, es una de esas personas que dicen y creen que el pueblo o la chusma con derecho al voto es la punta de la pirámide dentro de un país democrático y capitalista, lamento tener que decirle que ha sido estafado. En un país democrático y capitalista, en especial si está quebrado y endeudado, la punta de la pirámide es ocupada por el poder financiero. Como resultado de eso, tanto el populacho como los poderes públicos están por debajo del «poder financiero.»[ix]

Además, las acciones del poder político y las acciones del populacho no pueden, en una república capitalista, interferir con los intereses del gran poder financiero. Y tenga en cuenta que, cuando digo interferir me refiero a intervenciones severas. Las acciones cosméticas, que funcionan para hacerle creer a la ignorante y aprovechable muchedumbre que ella es la que imaginariamente manda, están permitidas por el vigoroso poder financiero.

§ 54

Debido a la costumbre y al desconocimiento, la gente le dice primer mandatario a su elegido gobernante. Es necesario educar a la gente para que deje de decir eso, ya que el primer mandatario es el omnipotente poder financiero, particularmente en todo país en donde se juegue a la democracia capitalista y endeudada. La gente tiene que entender que el poderoso poder financiero, por medio de sus mandamases, «manda más que los gobernantes.»[lxi]

§ 55

Me provoca grima oír que la gente, a pesar de las múltiples formas que hay para conseguir buena y confiable información, todavía cree que los políticos electos tienen que trabajar en beneficio del pueblo. Eso me provoca grima ya que a esta altura del juego todo el mundo debería tener claro que los políticos electos son, principalmente en los países democráticos, capitalistas y endeudados que están repletos de centros comerciales, «meros empleados de los grandes capitales.»[lxii]

Eso significa que los políticos electos, particularmente los gobernantes, únicamente pueden bregar con las cotidianidades del populacho –enmiendas al código penal, felicitaciones oficiales, jueguitos deportivos, enmiendas a la reglas de tránsito, nombramientos de funcionarios, entre otros asuntos que les preocupan a las masas– después de cumplir con los deseos, necesidades y planes del poder financiero. Lo dicho también significa que los políticos, por ser servidores del omnipotente poder financiero, no pueden afectar severamente los intereses del poder financiero en beneficio del pueblo.[lxiii]

§ 56

¡Triste época la nuestra! Los poderes públicos reciben órdenes por parte: (1) de los perros guardianes del poder financiero; y (2) de los gerifaltes del poder financiero.

§ 57

No quiero ser cenizo pero, decir que Estados Unidos de América es una democracia no es correcto. En primer lugar, EUA es un país controlado por el poder financiero. En segundo lugar, la «democracia y la soberanía financiera son incompatibles.»[lxiv] Es por eso que en EUA, donde los policías se pasan cometiendo atrocidades contra las minorías, el poder financiero y los milmillonarios, no la chusma que vota y que participa en las ruidosas actividades políticas, son los que escogen e imponen a los dos candidatos presidenciales, al presidente y a otras figuras importantes dentro del indicado Gobierno.

Otra razón por la cual EUA no es una democracia es que, la alta plana del Gobierno de Estados Unidos está repleta de milmillonarios, millonarios, familiares de millonarios y exempleados del poder financiero. Por eso no es raro que esos ricos siempre estén pensando, a la hora de hacer sus funciones, en el mejor bienestar del poder financiero.

En fin, el Gobierno de los Estados Unidos de América, que reprocha el fascismo pero utiliza tácticas fascistas y orwellianas diariamente, es plutocrático. No olvide que si el gobernante de un país capitalista, neoliberal y dizque democrático –gobernante que necesitó ser patrocinado por los billetes del poder financiero– «responde a los intereses de los ricos, tomando medidas solicitadas o promovidas por éstos, se tratará de una plutocracia más allá del sistema de partidos políticos, las elecciones que se realicen, etc.»[lxv]

§ 58

No quiero ser aguafiestas pero poco importa que, en los Estados Unidos de América, un estadounidense con ascendencia asiática, un estadounidense con ascendencia latina o un estadounidense con ascendencia india ocupe la presidencia de los Estados Unidos de América. En dicho país, sin importar el color de la piel del presidente, la realidad es que el poder financiero siempre estará por encima del presidente. De hecho, si uno realiza un frío y profundo análisis sobre la realidad política verá que, en EUA, el dominio del poder financiero sobre el Gobierno es tan marcado que, se mire como se mire, el poder financiero suele tener constantes y significativos impactos en las acciones y políticas gubernamentales, «mientras que los ciudadanos comunes y grupos de interés de masas tienen poca o ninguna influencia independiente.»[lxvi]

§ 59

Dentro de un país endeudado en donde se juegue a la democracia capitalista y neoliberal, el Gobierno no está al servicio del pueblo. En un país como el mencionado el Gobierno está, principalmente, al servicio del gran poder financiero. Y el principal servicio que le ofrece el Gobierno al poder financiero, el auténtico y único soberano, es fungir como su principal recolector de dinero. En otras palabras, el Gobierno tiene la principal tarea de sacarles los billetes a las personas para, aunque griten y pataleen, cada cierto tiempo entregárselos a los representantes del indolente poder financiero. Luego de esa gestión, y con los recursos que le puedan sobrar, el Gobierno puede enfocarse en asuntos que favorezcan al explotable, murmurador y consumista pueblo.[lxvii]

§ 60

Todo país que juegue a la democracia neoliberal, capitalista y desigual, como Estados Unidos de América y el Reino Unido, en caso de recesiones, crisis y depresiones económicas tiene la obligación de proteger, «a costa del empobrecimiento de la población», los intereses y las inversiones de los millonarios del poder financiero.[lxviii] Eso es así ya que, en primer lugar, un país como el mencionado es un país para el capitalismo salvaje, para el neoliberalismo salvaje, por el capitalismo salvaje y del poder financiero.

En segundo lugar, un país como el indicado hace lo anterior ya que, aunque la gente tenga ciertos derechos, suele ser una plutocracia dominada por el poder financiero. Y los altos plutócratas que laboran en el Gobierno, que casi siempre trabajaron para el poder financiero o para las grandes empresas antes de ocupar sus cardinales puestos gubernamentales, hacen todo lo posible para que sus ricos y poderoso amigos del poder financiero no se perjudiquen en caso de una recesión económica o en caso de una depresión económica.

Lo antes dicho es un asunto que no debe causar sorpresa ya que, dentro de una plutocracia con derecho a un sondeo de opinión llamado elección, los plutócratas suelen pensar que los ciudadanos comunes no son más que un gran ganado que debe y puede ser explotado y engañado para obtener más billetes.

§ 61

Si usted vive en un país donde se juega a la democracia capitalista y neoliberal –EUA, México, Canadá, España y el Reino Unido son buenos ejemplos–, siempre debe recordar que los principales partidos políticos no son más que instrumentos que utiliza el poder financiero –el indiscutible soberano– para hacerle creer al doblegado y chasqueado pueblo, entre otros embustes, de que él (el pueblo) vive en una dizque democracia.

También debe recordar que los principales partidos políticos son herramientas que utilizan los conchudos mandamases del poder financiero para, como parte del exclusivo juego de milmillonarios poderosos, alternarse –

entre ellos mismos– la alta gerencia gubernamental de un país en donde se esté jugueteando a la democracia neoliberal, endeudada y capitalista.

Es por eso que una persona sagaz e inteligente sabe que los partidos políticos, en especial los partidos políticos que siempre están ganando los puestos más importantes – en EUA son los siguientes: el Partido Republicano y el Partido Demócrata–, están «en servicio permanente para los muy ricos y el sector corporativo.»[lxix] En otras palabras, los partidos políticos están al servicio del poder financiero.

Debido a lo antes manifestado puedo decir que, en la realidad monda y lironda, en un país como el descrito no existen divisiones partidistas ni variedad electoral cuando el aprovechable pueblo murmurador vota por su máximo administrador gubernamental. Lo que existe en un país como el indicado son unas personas que, además de necesitar la previa aprobación de los gerifaltes del poder financiero para poder participar en el máximo evento electoral –los estadounidenses le llaman elección presidencial–, utilizan la ingeniosamente creada quimera electoral para obtener la máxima silla gerencial dentro del Gobierno. Y eso lo hacen para, aunque en beneficio de todos los gerifaltes que son parte del poder financiero, proporcionarles algunas ventajas a los poderosos y ricos gerifaltes que les auspiciaron.

§ 62

No existe, en un endeudado país donde se juegue a la democracia capitalista, igualdad ante la Ley ni ante los cuerpos legislativos. Eso se comprueba cuando uno ve que las iniciativas que propone el pueblo de manera directa, suelen caer en oídos sordos. Mientras que las recomendaciones que brinda el poder financiero, suelen ser rápidamente atendidas por los legisladores.

Otra buena evidencia es que cuando surgen conflictos entre los intereses del pueblo y los intereses del poder financiero, en la inmensa mayoría de las ocasiones, los legisladores suelen resolver dichos conflictos en favor del poder financiero. Por eso se puede decir que en los señalados países, mientras la gente común es desatendida por los legisladores, el poder financiero (el soberano) tiene una «influencia desmedida» dentro de las legislaturas.[lxx]

§ 63

Una buena pista que le puede ayudar a saber cuán introducido está el poder financiero dentro del poder político, es analizando y contando la cantidad de personas que han utilizado las puestas giratorias o que han pensado utilizar las puertas giratorias. Si usted observa que muchas personas pasan por esas puertas giratorias, usted puede estar seguro de que la influencia y el control del poder financiero sobre el poder político es enorme.

Debe tener en cuenta que, cuando hablo sobre las puertas giratorias me refiero al asunto de personas poderosas dentro del poder financiero que pasan de ese poder a las altas esferas del poder público. También me refiero a los casos en los que uno puede ver a políticos de alto nivel, una vez terminan con sus funciones gubernamentales, pasando al poder financiero.

Otro asunto que debe tener en cuenta es que, hoy en día, «las 'puertas giratorias' entre el mundo de las finanzas y el mundo de la administración pública giran a gran velocidad.»[lxxi] Es por eso que, por ejemplo, es común que un ex primer ministro pase del poder público (algunos dicen poder político) al poder financiero. También es común que altos empresarios del poder financiero, una vez finalizan los eventos electorales, ocupen posiciones de alto poder dentro del Gobierno, especialmente importantes posiciones relacionadas con asuntos comerciales y financieros.

§ 64

El gobernante, por medio de uno o varios representantes oficiales, es el que se ñangota ante el poder financiero cuando tiene la obligación de, por estar gobernando un país con serios problemas económicos, pedirle dinero prestado al poder financiero. Cuando eso ocurre, todo el ñangotado pueblo acompaña al humillado gobernante durante las humillantes reuniones.

Debe saber que sostengo que todo el pueblo se ñangota ante el poder financiero cuando ocurre lo antes dicho ya que los gerifaltes, asistentes y representantes del poder financiero saben que el gobernante es solamente un administrador temporero. También saben, las mismas personas, que el verdadero humillado es el ñangotado y pobre pueblo: (a) que solicita el dinero prestado; y (b) que tendrá que pagar dicho dinero prestado con sus propias gotas de sudor.

Capítulo cuatro
Puerto Rico le pertenece al poder financiero

§ 65

Fitch Ratings, Standard & Poor's, Moody's Investor Services y otras empresas que evalúan el crédito y el grado de inversión dentro de los países, les han hecho un gran favor a los puertorriqueños jóvenes y educados que tienen potencial para realizar acciones positivas. Por medio de sus detallados informes, que demuestran que Puerto Rico es un país quebrado e irresponsable que ha llegado al nivel de chatarra, les han dejado saber a los mencionados boricuas que lo mejor para ellos, si es que desean tratar de conseguir una mejor calidad de vida, es marcharse de Puerto Rico.[lxxii]

§ 66

La constitución de Puerto Rico, que todos los días es pisoteada por policías corruptos y abusadores, dispone que el «pago de intereses y la amortización de la deuda tendrán prioridad cuando el estado no tenga recursos suficientes para cumplir con sus asignaciones presupuestarias.»[lxxiii] Eso significa, en la realidad monda y lironda, que el poder financiero –que le ha prestado mucho dinero al corrupto y quebrado gobierno de Puerto Rico– ocupan la primera posición a la hora de sacar dinero de las arcas del Gobierno.

Además, la mencionada disposición es un claro recordatorio de que los empleados y funcionarios del politizado gobierno de Puerto Rico, al igual que los boricuas que viven dentro del país caribeño: (1) están al servicio del poder financiero; (2) tienen la obligación de mantener contento al poder financiero; y (3) no pueden alterar los planes del poder financiero. También se puede sostener que la citada disposición constitucional establece, con gran claridad, que todo asunto comercial y financiero dentro de Puerto Rico tiene que atenderse y resolverse pensando en el mejor bienestar del poder financiero.

§ 67

La isla de Puerto Rico, donde millones de billetes provenientes del narcotráfico terminan en las arcas de los corruptos gobiernos (municipales y central), le pertenece al omnipotente poder financiero. La situación es tan dramática que todos los boricuas que trabajan en la economía legal y todos los boricuas que trabajan en la economía ilegal –que pagan impuestos cuando compran bienes–, trabajan para que sus quebrados gobiernos (municipales y central) les puedan pagar, por medio del dinero recolectado, a los representantes del poder financiero. Digo eso ya que, sin entrar en el asunto de la enorme cantidad de dinero que – todos los años– el gobierno de Puerto Rico le tiene que pagar al poder financiero, «la acumulación de déficits anuales ha sido financiada por vía de la venta de bonos. Y esa deuda, sumada a la deuda acumulada para financiar todo tipo de proyectos, (...) sobrepasa en valor nominal el producto bruto de la economía de Puerto Rico.»[lxxiv]

§ 68

El gran poder financiero, que tiene oídos y ojos en todos los países, ni duerme ni se deja engañar. Asimismo, el poder financiero (el soberano) no está interesado en trivialidades, en fiestecitas ni en patriotismos. Además, el poder financiero se especializa en turbar cualquier diversión o regocijo cuando no se cumplen las instrucciones por él dadas. Lo dicho me ha hecho recordar lo que ocurrió en la isla de Puerto Rico. Allí, durante el año 2015, Moody's Investors Service degradó los bonos de la quebrada y sucia Universidad de Puerto Rico.

Ahora bien, lo más sorprendente fue que Moody's Investors Service, una agencia de calificación de riesgos que se especializa en calificar activos y productos financieros de gobiernos, empresas y corporaciones públicas, hizo lo antes mencionado mientras se realizaban actividades relacionadas con la «conmemoración de los 112 años de fundación de la Universidad de Puerto Rico.»[lxxv]

§ 69

Puerto Rico, una pequeña narcoisla ubicada en el Caribe, tiene una deuda que está cerca de los «$167,460 millones.» Como consecuencia de eso, Puerto Rico tendría que utilizar cuatro mil ochocientos millones de dólares para, todos los años, pagar su monumental deuda. Eso demuestra, primeramente, que el «gobierno de Puerto Rico está en quiebra y ha llegado el momento de dejar de disimularlo y tomar acciones radicales para enfrentar la situación.»[lxxvi]

En segundo lugar, lo dicho demuestra que el poder financiero tiene el control de Puerto Rico y que es momento de dejar de disimular que el gobierno de Puerto Rico es un Gobierno para el poder financiero, del poder financiero y por el poder financiero.

§ 70

Los puertorriqueños (la mayoría) que viven en Puerto Rico, que son tarugos, se entusiasman con los asuntos políticos. Es común que cientos de miles de habitantes de Puerto Rico, principalmente durante el año electoral, participen en actividades relacionadas con la política y, sobre todo, con sus partidos políticos. También, como parte del fanatismo político que hay en Puerto Rico, es normal que ocurran muchísimos incidentes violentos por culpa de asuntos relacionados con la corrupta política puertorriqueña.

Todo lo dicho demuestra que los puertorriqueños (la mayoría) que viven en Puerto Rico, a pesar de saber que las agencias de inteligencia vigilan todas las comunicaciones electrónicas y telefónicas, creen que viven en una democracia ejemplar. Además, el puertorriqueño promedio –que sabe los nombres de muchísimos artistas populares pero ignora los nombres de todas las personas que ganaron el Premio Nobel el año pasado– cree que el corrupto que ocupe la posición de gobernador de Puerto Rico, tendrá el poder para realizar significativas acciones en beneficio del pueblo.

Sin embargo, la inmensa mayoría de los puertorriqueños olvida (o no quiere entender) que Puerto Rico, donde «el abuso de poder es la orden del día en todas las instancias»,[lxxvii] es una plutocracia, no una democracia. El boricua promedio olvida, además, que el hecho de que se efectúen eventos electorales, al igual que el hecho de que existan partidos políticos, no cambia esa dura realidad que demuestra: (1) que los ricos –que están divididos en dos facciones– son los que seleccionan a los dos candidatos principales que participan en los eventos electorales para seleccionar al administrador que erróneamente será llamado gobernador; y (2) que Puerto Rico no es más que un pequeño y violento gueto caribeño que está bajo el control del indolente poder financiero.

Por eso es que, sin importar el candidato que gane el evento electoral, la persona que ocupe la posición de dizque gobernador de Puerto Rico siempre tendrá la obligación de proteger los intereses y las inversiones del poder financiero. Además, debido a la gran dependencia de fondos privados para cuadrar presupuestos, para realizar obras públicas significativas (y obras públicas faraónicas) y para pagar deudas, la persona que ocupe la incorrectamente llamada posición de gobernador de Puerto Rico siempre tendrá la obligación de aprender a ñangotarse ante los gerifaltes del inexorable poder financiero.

En fin, el puertorriqueño promedio –que es tarugo, consumista y enemigo del pensamiento superior– tiene que entender que la palabra gobernador es una palabra que le queda muy grande al mafioso y embustero que ocupa la mal llamada posición de gobernador de Puerto Rico. También tiene que aprender el boricua promedio que el gobernador de Puerto Rico, a pesar de tener varias potestades para administrar el monstruo gubernamental, no es más que un intermediario (con funciones de recolección de fondos) entre el poder financiero y los bolsillos de los habitantes de Puerto Rico.

Es por eso que todos los profesores, en especial los profesores que imparten clases en las escuelas superiores y en las universidades, deben hablarle con claridad a sus ignaros estudiantes: (1) sobre quién es el verdadero soberano en Puerto Rico; y (2) sobre los enormes límites que tienen los poderes públicos puertorriqueños a la hora de lidiar con asuntos que estén relacionados con los intereses, planes e inversiones del poder financiero.

En resumen, los mencionados profesores deben explicarle al estudiantado que el poder financiero, que manda en Puerto Rico y en todo el mundo, es el verdadero soberano.

§71

La economía de Puerto Rico, por así decirlo, está en gran depresión económica. Esa gran depresión económica, que ha destrizado el valor de las propiedades, de las «acciones locales» y de «los bonos municipales»,[lxxviii] ha provocado que cientos de miles de boricuas hayan tomado la decisión de emigrar hacia los Estados Unidos continentales. Ahora bien, a pesar de la emigración, de las quiebras, de los suicidios por razones económicas, de los desahucios y de la quiebra del Gobierno, puedo decir que muchos boricuas aprendimos una realidad que por mucho tiempo estuvo escondida. De hecho, recuerdo que en mis años universitarios ningún profesor mencionó dicha realidad.

La realidad que aprendimos demuestra que, hablar sobre democracia es una babosada aunque se tenga derecho al voto y aunque se tenga una lista de derechos en unas viejas hojas de papel llamadas constitución. Digo eso ya que hemos visto (y estamos viendo) que «el verdadero poder no está en los palacios de los gobiernos: se encuentra en los consejos de administración de las multinacionales que deciden nuestra vida.»[lxxix]

§72

El omnímodo poder financiero tiene tanto poder sobre Puerto Rico que, continuamente, uno puede ver que dicho poder se pasa públicamente regañando a los políticos puertorriqueños cuando esos políticos intentan o piensan afectar sus intereses. En la inmensa mayoría de las ocasiones, dichos públicos regaños son brindados por las empresas financieras –Fitch Ratings, Standard & Poor's y Moody's Investor Services– que «se encargan de evaluar la situación financiera (...) para determinar el riesgo que un inversionista incurre al prestar su dinero.»[lxxx]

Ahora bien, es necesario recordar que Puerto Rico no es el único endeudado país que recibe regaños por parte de los perros guardianes del poder financiero. La realidad demuestra que todo país que juegue a la democracia capitalista y endeudada, si no quiere perjudicar sus relaciones con los gerifaltes del poder financiero, tiene que escuchar y soportar regaños, avisos y conminaciones por parte de los perros guardianes de ese tramposo poder financiero «que traspasan las fronteras nacionales.»[lxxxi]

§ 73

Muchísimos puertorriqueños que viven en Puerto Rico, olvidando que en Puerto Rico «se impone la 'ley' y se aplasta la disidencia con la fuerza bruta»,[lxxxii] hablan con orgullo sobre su chatarra constitución. Inclusive, abundan las cabezas de tarro que dicen que la chatarra constitución de Puerto Rico fue un gran ejemplo para otros países. Pues bien, le tengo que decir a esas personas que la constitución de Puerto Rico –al igual que todas las constituciones de los países (o estados) en donde se juegue a la democracia capitalista, consumista, neoliberal y endeudada– debe ser enmendada. Dicha enmienda constitucional, tendría la función de añadirle una nueva frase a la constitución. Y dicha frase sería la siguiente: Nosotros, el endeudado y consumista pueblo de Puerto Rico, reconocemos que «los que mandan en este mundo son (...) las grandes corporaciones financieras.»[lxxxiii]

Capítulo cinco
No se juega con el poder financiero

§74

Al poder financiero –un poder que tiene los recursos económicos y legales para fastidiar la económica de un país o de un estado– no le interesa que le digan que hay personas que están muriendo como consecuencia del hambre. Al poder financiero tampoco le interesa: (1) que aumente la cantidad de los vagabundos; (2) que aumenten los desahucios; (3) que aumente la estadística que está relacionada con suicidios por dificultades y presiones económicas; (4) que el Gobierno tenga que despedir empleados públicos; (5) que aumenten los problemas de salud mental asociados a los problemas económicos; (6) ni que un país democrático y capitalista pierda población debido a problemas económicos, laborales y sociales. Lo único que le interesa al poder financiero, el único soberano a nivel mundial, es que los ciudadanos –por medio de sus respectivos y costosos Gobiernos– le entreguen su dinero en las fechas previamente acordadas. Por eso es que el Gobierno, aunque esté lleno de políticos bocones que adoren los populismos, no puede estar dándole excusas al poder financiero. Y por eso es que el Gobierno, en especial el que juega a la democracia capitalista, neoliberal y consumista, «es impotente ante el poder financiero.»[lxxxiv]

§75

Los rascacielos del poder financiero, al igual que los lujosos y resplandecientes edificios del poder financiero, se construyen, en parte, con el dinero de los países endeudados, con el dinero de los estados endeudados y con el dinero de las ciudades endeudadas.

§ 76

Recuerde que los políticos están por debajo del poder financiero. Recuerde, además, que el poder financiero –y esto ocurre hasta en Europa y en EUA– «controla a los políticos (...) financiando sus campañas.»[lxxxv] También recuerde que el poder financiero, gracias a sus billones de billetes y a sus numerosas conexiones políticas, judiciales y gubernamentales, ejerce gran poder sobre las agencias gubernamentales, primordialmente sobre las dependencias o agencias administrativas que tienen la encomienda de lidiar con asuntos relacionados con drogas, alimentos, protección ambiental, comercio y, por supuesto, banca.

Todo esto viene a cuento ya que quiero decirle, debido a que su aplazada y banal muerte llamada vida es muy corta, que las marchas, las protestas y los conciertos contra el poder financiero son una gran pérdida de tiempo. Nadie –ni los presidentes ni los ministros– puede cambiar esa amarga realidad que, pese a quien pese, demuestra que el poder financiero es –y seguirá siendo hasta el final del capitalismo– el amo del mundo. Es por eso que los altos ejecutivos del poder financiero se ríen de las marchas, de las protestas y de los «chusma-conciertos» donde se mencionan y se critican las malas y egoístas acciones del poder financiero.[lxxxvi]

§ 77

El poder financiero (el auténtico soberano) es tan poderoso: (1) que tiene presencia en todo el planeta; y (2) que todos los gobiernos del mundo –incluyendo los gobiernos centrales de China y de Rusia– están obligados a «tomar en cuenta» lo que digan los analistas y gerifaltes del poder financiero.[lxxxvii]

§ 78

El pueblo (el siervo) no puede hacer nada que perjudique al gran poder financiero (el soberano). Sin embargo, el poder financiero sí puede fastidiar al pueblo y a los políticos. Y cuando digo fastidiar me refiero al hecho de que el poder financiero puede, entre otras acciones, quitar casas, carros, ahorros, alimentos, edificios, inversiones, cuentas de banco, ayudas gubernamentales y pensiones. Además, el poder financiero es tan poderoso que: (1) puede llevar a muchas personas a tomar la decisión de suicidarse; y (2) puede convertir a una persona común en un sucio y hambriento vagabundo. Por eso, por esas amargas realidades, se puede decir que el verdadero soberano es el poder financiero.

Recuerde que los máximos representantes del poder financiero, no los ciudadanos particulares con derecho al voto, son los que tienen el poder para, por medio de movimientos de capital y por medio de «actuaciones en las bolsas y en los mercados», «arruinar» países, estados, empresas, ciudades y corporaciones públicas.[lxxxviii]

§ 79

Los rascacielos y los lujosos y resplandecientes edificios del poderoso poder financiero se forman, en parte, de los llantos, de las preocupaciones económicas, de los suicidios por causas económicas, de los recortes de horas laborales, de los altos impuestos y de los recortes de personal que se suscitan en los países democráticos, endeudados y quebrados.

§ 80

Del mismo modo que un pastor es superior a su rebaño, el poder financiero –por ser el pastor de los sufridos seres humanos y de los endeudados Gobiernos– es superior al pueblo y al Gobierno.

§ 81

El poder financiero tiene tanto poder que, demostrando que él es el soberano, tiene la capacidad para jugar con el dinero de la gente como le dé la gana. Y lo más sorprendente sobre ese asunto es que en caso de perder el dinero de la gente, aunque dicha gente le haya entregado el dinero por medio de engaños y embustes, el poder financiero tiene las herramientas y el poder para obligar a la mencionada gente a reponer el dinero perdido.

Es por eso que uno puede ver que los pobres y los gobiernos supuestamente democráticos, en caso de crisis, recesiones o depresiones económicas provocadas por errores y trampas del soberano (del poder financiero), son los que cargan con el mayor peso a la hora de arreglar los desastres y los regueretes económicos provocados por los juegos del poder financiero.[lxxxix]

§ 82

El poder financiero, que está asegurado en su gran trono –y que le muestra a sus súbditos su gran poder por medio de enormes y lustrosos edificios–, no tiene que temer ni rebeliones ni guerras. Digo eso ya que el poder financiero, el verdadero soberano, es un poder permanente que no está sujeto a cambios.

§ 83

En una utopía, el buen gobernante «no se arrodilla ni afloja» ante el poder financiero.[xc] Sin embargo, en la dura realidad todo gobernante de un país capitalista, neoliberal, endeudado y democrático, tiene que ñangotarse ante los mandamases del poder financiero. De hecho, si el gobernante de un país como el indicado se comporta de manera insolente con el poder financiero, dicho poder financiero se encarga de complicarle la existencia a la gente que vive en el país del insolente gobernante.

§ 84

Hoy en día, la principal tarea de un gobernante de un país democrático, capitalista, neoliberal y endeudado, es obedecer las órdenes del poder financiero. Asimismo, el mencionado gobernante no puede «meterse con el poder financiero.»[xci] Si el gobernante le da dificultades al poder financiero, los gerifaltes del poder financiero se encargan de hacerle comprender al mencionado gobernante –por medio de sus firmas de evaluación de crédito, por medio de sus medios de comunicación, por medio de sus bancos de inversión y por medio del movimiento de capital– quién es el que manda.

Por eso es que, en este mundo dominado por el poder financiero, poca inteligencia muestra el gobernante, en especial si es un infeliz gobernante de un país endeudado y subdesarrollado, que públicamente desafíe y reprenda al omnipotente e inconmovible poder financiero.

§ 85

El poder financiero, el verdadero soberano, «necesita que los países donde invierte se porten de una cierta manera, que en este caso es con ajuste para pagar a los acreedores.»[xcii] Es por eso que, mientras los gobernantes y los ministros de hacienda cumplan con sus compromisos económicos en favor del poder financiero, los mandamases del poder financiero dejan que los electos administradores gubernamentales trabajen con cierto grado de libertad. Si los administradores electos –presidentes, ministros, gobernadores y alcaldes– no cumplen con los deseos y planes del poder financiero, al igual que si se entrometen con los intereses de los ricos que tienen intereses económicos y empresariales, dicho poder financiero utiliza sus incalculables e infinitos recursos para que sus planes y deseos se cumplan.

§ 86

El poder financiero no solo está por encima del poder político (o poder público), también tiene la capacidad para torcerle los brazos a los legisladores y a los gobernantes. Eso se comprueba cuando uno observa que el inconmovible poder financiero, para prestarle dinero a los países que están quebrados, obliga a los gobernantes, a los legisladores y a los ministros que están a cargo de los fondos públicos: (a) a aprobar leyes y medidas administrativas que claramente indiquen que el endeudado país renuncia a su inmunidad soberana para que pueda ser demando en ciertos tribunales en la eventualidad de un impago; y (b) a firmar documentos (o a aprobar leyes) donde se indique que el país renuncia a la inmunidad sobre activos en el exterior.[xciii]

Argentina, es un buen ejemplo que comprueba lo antes indicado. Digo eso ya que, a finales del siglo XX, el poder financiero le dobló los brazos a los gobernantes de Argentina para que, a cambio de recibir dinero prestado, renunciara «a la inmunidad soberana de sus activos en el exterior...».[xciv] Otro buen ejemplo proviene desde la pobre, consumista y quebrada isla de Puerto Rico. Allí, los analistas y los representantes del poder financiero les torcieron los brazos a los costosos y mediocres políticos de P.R. Como resultado de eso, el gobierno de Puerto Rico aprobó una ley: (a) para «renunciar a su inmunidad soberana»; y (b) para permitir –en caso de no poder pagarle al poder financiero (al soberano)– ser demandado en tribunales que han estado bajo el control del poder financiero.[xcv]

§ 87

Los quejidos de dos o tres billones de seres humanos por culpa del hambre y por culpa de los planes de austeridad, no alteran los planes de los gerifaltes del poder financiero.

§ 88

Los gerifaltes del poder financiero, al igual que sus ricos socios, adoran las protestas y las manifestaciones que se realizan contra el poder financiero, contra los milmillonarios y contra la enorme brecha económica que separa (y sigue expandiéndose) a los ricos y poderosos de los explotados y cansados pobres. Ello, ya que esas protestas y manifestaciones no son más que unas admisiones que hace el aprovechable pueblo trabajador en donde reconoce, por medio de gritos y pataleos, que el poder financiero es el mandamás.

§ 89

El poder financiero, robustece y aumenta su poder dentro de un país (también puede ocurrir dentro de un estado y dentro de una ciudad) por medio de los fondos buitre –también conocidos como fondos de cobertura–. Digo eso ya que, una vez el gobierno de un país –o el gobierno de un estado– tiene la urgente necesidad de pedirle dinero prestado a los poderosos y ricos buitres del poder financiero, que suelen entrar en el panorama cuando los «inversionistas tradicionales» del poder financiero no tienen confianza y dejan de hacer negocios, dicho Gobierno tiene la obligación de obedecer todas las instrucciones del poder financiero, particularmente las del lado fuerte y temido del poder financiero.[xcvi]

Además, dicho Gobierno tiene la obligación de mantener contentos a los buitres del poder financiero. Si el Gobierno no mantiene contentos a los buitres del poder financiero, que son las últimas vías de financiamiento para un Gobierno que se caracteriza por estar quebrado y por estar repleto de mediocres y corruptos, dicho Gobierno pierde las posibilidades de recibir dinero prestado, y como consecuencia de eso aumenta las posibilidades de tener que lidiar con un enorme caos social.

§ 90

«Existen verdades absolutas. Son verdades perennes, inmutables, algunas insondables, pero todas ineludibles.»[xcvii] Una de esas verdades absolutas es la que enseña que, usted y toda su insignificante familia no son nada para el poder financiero. Para el mencionado poder, usted y sus familiares no son más que reses que deben ser explotadas. Otra verdad absoluta es la que enseña que los administradores gubernamentales de países endeudados, capitalistas y cuasi democráticos, suelen tenerle más miedo a ciertas empresas del poder financiero – como a los fondos de cobertura y a las agencias de calificación de crédito– que a las manifestaciones de las gentuzas.

§ 91

Para el poder financiero, las leyes y las normas administrativas se pueden violar. Lo indispensable es que, las ganancias que pueda obtener por medio de la violación de las leyes y de las normas administrativas sean enormes. Poco importa el daño social, y poco importa el estrés y el sufrimiento que experimente el ciudadano de a pie como consecuencia de la violación de las leyes y de las normas administrativas.

§ 92

A los gerifaltes del poder financiero, que cenan con senadores, jefes de agencias, gobernadores y millonarios con conexiones políticas, les importa poco que las perversas, ilegales y dañinas acciones que ejecuten sus subalternos y acólitos sean descubiertas. Ello, ya que esos ricos y poderosos individuos saben que es muy difícil que las malas e ilegales acciones del poder financiero sean descubiertas. También saben que en caso de que las ilegales y malas acciones del poder financiero sean descubiertas, lo usual es que el Gobierno imponga unas «multas faraónicas para cualquiera, pero que a ellos apenas les suponen un rasguño.»[xcviii]

§93

Eso de que somos iguales ante la Ley, es un embuste que se ha creado para que el explotado pueblo no se sienta mal. Para comprobar lo antes mencionado, solo es cuestión de observar lo que ocurre cuando la chusma protesta y cuando los representantes del poder financiero protestan. Cuando la plebe protesta por las malas acciones gubernamentales que están relacionadas con los billetes públicos, uno puede ver que los Gobiernos suelen utilizar policías, antidisturbios y gases lacrimógenos. A eso se suma que las reclamaciones del pueblo, el erróneamente llamado soberano, suelen caer en oídos sordos.[xcix]

Ahora bien, cuando el tramposo poder financiero protesta por las malas ejecutorias gubernamentales, en especial por las que están relacionadas con las finanzas públicas, las personas que laboran en los altos niveles gubernamentales: (1) se preocupan; y (2) escuchan con detenimiento lo que tengan que decir los encolerizados representantes del poder financiero. Además, ciertas personas que laboran dentro de la alta jerarquía gubernamental, reconociendo por medio de sus actos que el soberano es el poder financiero, hacen todo lo posible para contentar a los enfurecidos representantes del poder financiero.[c]

Otra buenísima evidencia que demuestra que la chusma y el poder financiero son diferentes ante la Ley, es la que muestra que al pueblo se le hace muy difícil tener acceso a sus legisladores. También se sabe que es sumamente difícil que el poder legislativo, termine apoyando las iniciativas que hayan sido directamente presentadas por el explotado pueblo. Sin embargo, cuando los representantes del poder financiero informan que necesitan reunirse con ciertos legisladores, con ciertos ministros (casi siempre con los ministros y asesores que están a cargo de las quebradas arcas gubernamentales) y/o con el administrador del país, dichos representantes del poder financiero no encuentran obstáculos ni excusas.

Inclusive, no es raro que varios representantes del Gobierno –entre ellos el ministro (y algunos de sus ayudantes) que está a cargo del dinero público– acudan rápidamente a los palacios del poder financiero, algunos de ellos ubicados en la ciudad de Nueva York, para hablar con los conchudos representantes del soberano (también conocido como el poder financiero).

§ 94

Perdemos el tiempo y derrochamos energía cuando, aunque sea parte de nuestras vigiladas libertades, protestamos contra los planes del mundial y permanente poder financiero. No hay forma alguna para detener los planes de ese gran poder que impone políticos y privatiza lo público. Para empezar, ya no podemos detener el neoliberalismo salvaje que ha impuesto por todas partes el poder financiero. Si uno analiza con detenimiento lo que ha estado ocurriendo a nivel mundial, uno notará que el poder financiero, por medio del salvaje neoliberalismo, ha estado vaciando a pasos agigantados el «contenido del Estado social para que todo tenga un precio tasado de antemano.»[ci] Es por eso que, por todos lados, se ha estado privatizando, con fines de lucro, la salud, la seguridad, la milicia y la educación universitaria.

Sobre esto último –sobre el asunto de privatizar la educación universitaria para que sea con fines de lucro–, el gran problema es que la educación que se imparte en dichas instituciones de educación superior suele ser, con todas las puntualizaciones y matices que hagan falta, pura basura. Y más grave todavía es el hecho de que, para beneficio del poder financiero, los estudiantes de las instituciones de educación superior con fines de lucro suelen terminar exageradamente endeudados.[cii]

§ 95

Los principales medios de comunicación (y la mayoría de los grupos o conjuntos dedicados al periodismo profesional) son propiedad de unos ricos que, gústenos o no, tienen fuertes lazos (familiares, amistad y negocios) con el poder financiero. También se sabe que algunos millonarios que están en los altos niveles del poder financiero, son dueños de medios de comunicación. Y no se puede dejar de lado que muchos de los pocos milmillonarios que hay en este valle de angustias infinitas, invierten dinero en los principales medios de comunicación.

Debido a esos lazos entre el capital y los medios de comunicación, el poder financiero –que tiene medios de comunicación, que le presta dinero a los medios de comunicación y que maneja billones de dólares provenientes de las bóvedas de las multinacionales y de las bóvedas de los milmillonarios– puede: (1) manipular a las masas; y (2) ejercer control sobre las masas.

Es por eso que, gústenos o no, se puede sostener que el propósito principal de los medios de comunicación, en especial el de los medios que tienen fuertes lazos con el poder financiero, «no es tanto informar sobre lo que sucede, sino más bien dar forma a la opinión pública de acuerdo a las agendas del poder corporativo dominante.»[ciii]

§ 96

El poder financiero adora que un país, durante buenos tiempos económicos, sea gobernado por populistas. Ello, ya que el gobernante populista: (1) suele ser blando a la hora de hacer ahorros presupuestales; (2) adora gastar dinero en obras públicas faraónicas; (3) suele derrochar dinero en contratos públicos innecesarios; y (4) suele gastar muchos billetes en salarios de amantes, compadres, políticos derrotados, comadres, amigos e inversionistas políticos de bajo nivel. Cabe recordar que esa irresponsabilidad, que es típica en los gobiernos populistas, es la que suele provocar que el Gobierno: (a) tenga descuadres en sus presupuestos anuales; y (b) tenga que enviar a varios representantes a los palacios del poder financiero con la encomienda de pedir dinero prestado.

Ahora bien, lo más dañino de los gobernantes populistas es que siguen irresponsablemente administrando aunque hayan tenido –y sigan teniendo– la necesidad de pedirle dinero prestado al poder financiero. Ese tipo de acción, que suele ser aplaudida por tarugos que adoran ver obras públicas faraónicas, ocasiona que el Gobierno tenga que seguir pidiéndole dinero prestado al poder financiero. Y cada vez que el Gobierno, por sus malos manejos, tiene que pedirle dinero prestado al poder financiero, dicho poder financiero suele aumentar su control e influencia sobre ese quebrado Gobierno por medio de intereses más altos y por medio de condiciones más favorables para él (el poder financiero).[civ]

§ 97

El poder financiero, que adora que los endeudados y quebrados países impongan duros planes de austeridad, lo quiere todo para él. El egoísmo del poder financiero es tan asombroso que, de ser necesario, utiliza todo sus recursos para evitar o dificultar que cargamentos con alimentos y con bienes de primera necesidad lleguen a un país. Además, a fin de satisfacer sus egoístas deseos el poder financiero utiliza todos sus recursos: (1) para embargar bienes y dinero; y (2) para quebrar –luego de chupar lo más que pueda– países, estados y ciudades. A eso se suma que el poder financiero, para que sus planes y deseos se cumplan, utiliza todos sus recursos para presionar al poder político y para infiltrase «dentro de él.»[cv]

Ahora bien, si hacemos un profundo y frío análisis tendríamos que decir que no se puede criticar al poder financiero por ser tan egoísta. Digo eso ya que, en primer lugar, todo ser humano posee un «egoísmo innato.»[cvi] Por eso es que todo ser humano, sin contar las rarísimas excepciones, tiene un elevado potencial de ejecutar actos egoístas y perversos si llegara a tener gran poder.

Tampoco se puede criticar el salvaje egoísmo del poder financiero ya que, se mire como se mire, si analizamos el comportamiento cotidiano y normal del ciudadano de a pie veremos, entre otras peculiaridades, que el «egoísmo y el afán de afirmación de cada ser vivo, en pugna con los intereses de los demás, convierten el mundo en un infierno.»[cvii] Es por eso que, sacando al soberano (al poder financiero) del panorama, uno puede ver que los ciudadanos de a pie, debido al egoísmo, se golpean, se insultan y se perjudican unos a otros.

Por tanto, el egoísmo de las altas y medianas esferas del poder financiero no es más que un egoísmo natural que, bajo la dirección de mentes brillantes, educadas, frías y maliciosas, ha sido unificado, organizado y dirigido para conseguir poder, billetes, control político y control económico. Por eso es que, repito, antes de criticar el egoísmo y la frialdad de los miembros del poder financiero tenemos la obligatoria tarea de recordar y analizar nuestro propio «instinto egoísta y agresivo.»[cviii]

§ 98

Las multas que el Gobierno (el poder público) le impone al poder financiero por sus intencionales y abusivas acciones, no detienen los planes del poder financiero. Además, esas multas no son más que limosnas que, por presión, dan los gerifaltes del poder financiero.

§ 99

El gran poder financiero (el soberano) tiene una división especial para, por medio de la torcedura de brazos, obligar a un país a ñangotarse. Esa fuerza especial, que es temida por todas las asociaciones de economistas, se llama los fondos buitre o fondos de cobertura. Digo que esa división especial atemoriza ya que «las inversiones que hacen los fondos buitre se hacen a costa del pago en altos intereses, la imposición de condiciones que los benefician, una mayor ganancia para los compradores y un aumento en la deuda pública...».[cix] Además, no se puede olvidar que los fondos buitre o fondos de cobertura son mundialmente famosos por jugar bien duro a la hora de exigir sus billetes.

§ 100

Las agencias de evaluación de crédito –también llamadas casas acreditadoras– son las vigías del poder financiero. Son esas agencias, que también pueden ser llamadas las perras guardianas del poder financiero, las que les informan a los inversionistas y a los ricos lo que está empresarial y financieramente ocurriendo en cada país. Lo más sorprendente de dichas agencias de evaluación de crédito es que, a pesar de ser embusteras y a pesar de haber sido sorprendidas cometiendo fraudes y actos antiéticos, gozan de gran respeto por parte de inversionistas tradicionales. De hecho, se sabe que inversionistas y ricos toman decisiones financieras basándose en lo que digan dichas agencias de evaluación de crédito.[cx]

§ 101

Gústenos o no, vivimos dentro de un mundo que está bajo el dominio del poder financiero. Y ese dominio es tan sorprendente que el poder financiero utiliza todos sus recursos –billetes, medios de comunicación, grupos de prensa, embustes, bochinches, revelaciones de secretos, entre otras acciones– para asegurase de que, en los países endeudados en donde existe la fábula de la democracia capitalista, los poderes políticos: (1) respondan a sus intereses; y (2) protejan sus intereses.

Cabe mencionar que el poder financiero hace todo eso ya que, a pesar de saber que está muy seguro en su trono mundial, quiere asegurarse de que los pueblos: (1) no «pongan en el Gobierno a izquierdistas»: (2) no aumenten de exageradas maneras los impuestos que tienen que pagar los ricos; (3) no incumplan los acuerdos entre los inversionistas y los Gobiernos; y (4) no «regalen dinero a espuertas a los pobres...».[cxi]

§ 102

Debido a que el poder financiero, que tiene ojos y oídos en todos los países, tiene –y seguirá teniendo– el control del mundo, es insensato tomar acciones para intencional, maliciosa y negativamente afectar los intereses del poder financiero. Tampoco es sensato que un político de un país endeudado y quebrado anuncie, públicamente, que el Gobierno tomará acciones negativas contra los intereses y planes del poder financiero. Hacer una locura como la descrita, en especial si el país depende del dinero del poder financiero para cuadrar su presupuesto y para pagar obligaciones, es desear que los gerifaltes del poder financiero se enfurezcan.

Lo malo de eso es que la furia de los gerifaltes del poder financiero suele venir acompañada con degradaciones de crédito por parte de Fitch Ratings, Standard & Poor's, Moody's Investor Services y otras empresas que evalúan el crédito y el grado de inversión dentro de los países. También es conocido que la furia de los gerifaltes del poder financiero, en especial si es una gran furia, puede venir acompañada con cierre de mercados, pleitos judiciales, intereses más altos, peticiones de pago y, más terrible todavía, con la entrada de los fondos buitre.[cxii]

§ 103

Cuando un gobernante dice que no le hará caso al poder financiero –o cuando un gobernante dice que severamente perjudicará los intereses del poder financiero para supuestamente beneficiar al murmurador y endeudado pueblo–, lo que hace dicho gobernante es deseando que el poder financiero utilice armas de destrucción económica dentro de su endeudado país. Digo eso ya que los gerifaltes del poder financiero, que no sienten remordimientos, cuando perciben que un gobernante y su explotado pueblo no desean seguir sometiéndose a su voluntad, rápidamente toman la decisión: (a) de cerrarles las puertas para recibir dinero prestado; y (b) de pedir el pago de la deuda pública.

A eso se suma que los habitantes y el gobernante del país azotado por la furia de los gerifaltes del poder financiero, tendrán que experimentar el retiro de una enorme «cantidad de capital invertido» en el país. Lo preocupante de ello es que, con variantes y matices propios de cada país, «baja la bolsa, la cotización de la moneda cae, las agencias degradan la calificación de la deuda (...) y se inicia así una espiral descendente muy difícil de combatir.»[cxiii]

§ 104

El poder financiero vigila sus inversiones, sus intereses y sus planes de acción con sumo cuidado. Para realizar todas esas tareas, a nivel internacional, el poder financiero cuenta con un enorme grupo de analistas: (a) que analizan las acciones diarias y oficiales de los políticos; y (b) que analizan lo que dicen los políticos y los funcionarios gubernamentales de alto nivel en los medios de comunicación. Además, es conocido el hecho de que el poder financiero utiliza informantes locales para, rápidamente, saber lo que está sucediendo.

Todo esto viene a cuento ya que deseo decir que, los políticos y los altos funcionarios gubernamentales deben tener mucho cuidado cuando realicen manifestaciones públicas que estén relacionadas con asuntos financieros. Por lo sencilla razón de que el poder financiero, parecido al gran hermano, siempre está escuchando y evaluando. Es por eso que, como hemos visto, el gran poder financiero actúa con rapidez –más rápido que los gobiernos– cuando se entera de que políticos y asesores locales desean y planean afectar adversamente sus intereses.[cxiv]

Para demostrar lo que he manifestado, creo que puedo utilizar como ejemplo lo que ocurrió en Puerto Rico durante el mes de marzo de 2015. Durante ese mes, varios políticos puertorriqueños manifestaron públicamente que se estaba contemplando enmendar la constitución de Puerto Rico (o por lo menos realizar las acciones políticas correspondientes) para que los billetes del poder financiero no gozaran de tantas protecciones.

Tan pronto los vigías y los analistas del poder financiero escucharon y leyeron dichas palabras, actuaron con gran rapidez. De hecho, el poder financiero actuó con tanta rapidez que, mientras algunos políticos hablaban en las emisoras de radio sobre la posible enmienda constitucional, uno de sus perros guardianes –Fitch Raitings– tomó la decisión de degradar el crédito chatarra de Puerto Rico. Además, el poder financiero les advirtió a los mentecatos políticos puertorriqueños que, a pesar de todos los daños resultantes, seguiría degradando «el crédito inmediata y significativamente si avanza en el proceso legislativo alguna propuesta que reduzca las protecciones que tiene la deuda general y la deuda apoyada con impuestos...».[cxv]

§ 105

Comenzamos el siglo XXI con recesiones y depresiones económicas por doquier. Ese desastre económico y mundial, en gran medida, fue «consecuencia de las acciones del poder financiero transformado en poder político y de la implementación de las políticas neoliberales.»[cxvi] Sin embargo, a pesar de que el mundo se enteró de lo dicho y a pesar de que todos hemos visto los daños económicos y sociales –entre ellos los suicidios y los duros planes de austeridad– causados por el poder financiero, el poder financiero se ha mantenido en su resplendente trono. Por eso estoy convencido de que, sin importar multas, marchas, víctimas, críticas, leyes o tratados, nadie podrá sacar al ineluctable poder financiero de su trono imperial.

§ 106

Todo gobernante de un país endeudado tiene que entender que un fondo buitre, aunque parezca amigable, no está interesado en el mejor bienestar del pueblo. Digo eso ya que un fondo buitre, que pertenece al lado duro y feroz del poder financiero, «tiene el objetivo de comprar títulos de deuda en una situación económica difícil, a precio basura, para luego exigir cobrar la totalidad del valor de esos bonos.»[cxvii]

Por tanto, antes de hacer negocios con un fondo buitre es necesario que el gobernante y sus acólitos hagan un análisis concienzudo. Como parte de ese análisis, el gobernante y sus acólitos deben tener presente que antes, durante y después de hacer negocios con un fondo buitre es necesario tener en mente esa formidable advertencia que advierte, en lo pertinente, que «alguien que un día te presta dinero para salvarte, al otro está dispuesto a condenarte.»[cxviii] Y esa advertencia, bajo la lupa de lo discutido, significa que un peligroso fondo buitre le presta dinero al Gobierno para, a pesar de todos los daños resultantes, exprimir al Gobierno a la postre.

§ 107

Poder, hijo mío, es causar una crisis económica mundial y, después de miles de suicidios, desahucios y despidos, con olímpico desdén darle instrucciones a los Gobiernos para que expriman los bolsillos de los ciudadanos. Todo ello a fin de que los causantes de la mencionada crisis económica y mundial, mientras millones de sus víctimas sufren y lloran «por el paro, el empobrecimiento y el recorte de derechos sociales», puedan recibir sus millonarios bonos de productividad, sus millonarios salarios y, sobre todo, sus envidiables beneficios marginales.[cxix]

Debes tener en cuenta que no estoy hablando sobre jefes de Gobierno; tampoco estoy hablando sobre jefes de Estado. Estoy hablando, para decirlo claro, del omnipotente poder financiero.

§ 108
Los jefes de Gobierno y los jefes de Estado tienen que entender: (1) que el poder financiero detesta al político jodión; y (2) que no se puede joder al poder financiero. Digo eso ya que los gerifaltes del poder financiero, al igual que sus altos ejecutivos y analistas, cuando están molestos y hastiados utilizan todo su poder e inteligencia para «arrodillar a los pueblos» que, por medio de sus gobernantes y políticos, han intentado jocotear sus planes e inversiones.[cxx]

§ 109
Vivimos, gústenos o no, dentro de «una dictadura mundial basada en el poder financiero internacional.»[cxxi] Debido a eso, y debido a los planes de globalización del omnipotente poder financiero, los países han sido reducidos a simples aldeas armadas. Y los ciudadanos, que antes fueron llamados el soberano, han sido convertidos –por así decirlo– en máquinas explotables.

Escribo que los ciudadanos han sido reducidos a máquinas explotables que trabajan para el poder financiero ya que, sin importar nivel socioeconómico, tienen que darle dinero a su endeudado Gobierno (por medio de impuestos, peajes, sellos de rentas internas, sellos gubernamentales, multas, pagos para servicios básicos, etc.) para que ese Gobierno pueda pagarle, sean regionales o internacionales, a sus acreedores.[cxxii]

§ 110
Los billetes que el poder financiero le presta al Gobierno, por lo menos la mayoría de los billetes, terminan en los bolsillos y en las panzas de los acólitos, amigos, familiares y amantes de los políticos. Por eso el pueblo se molesta cuando observa y siente que el poder financiero, mientras los mencionados ladrones con licencias para robar disfrutan del mencionado dinero, hace gestiones para recuperar sus billetes.

§111

Los analistas, representantes y gerifaltes del poder financiero, son más inteligentes y sagaces que los políticos y que los pueblos. Buena evidencia sobre ello es que el poder financiero, por lo bajo, metió sus manos en leyes, constituciones, reglamentos y decisiones judiciales. Cabe mencionar que el poder financiero, sabiendo que los explotables ciudadanos gritarían y patalearían, hizo eso: (1) para asegurar sus billetes, inversiones y planes; y (2) para consolidar su poderío.

Escrito eso, es momento de plasmar dos ejemplos. El primero de ellos, viene desde el quebrado y endeudado Puerto Rico. Allí, durante el siglo XX, ni la chusma ni los intelectuales de sofá se percataron de que, por lo bajo, el poder financiero estuvo metiendo sus manos dentro del proceso que se utilizó para redactar y aprobar la constitución. Cuando la erróneamente llamada constitución de Puerto Rico fue aprobada, muchísimos ciudadanos celebraron. Sin embargo, el explotado y pobre pueblo de Puerto Rico no sabía –o no le prestó mucha atención– que los gerifaltes del poder financiero, dentro de sus lustrosos palacios, también celebraron muchísimo.

Los gerifaltes del poder financiero celebraron porque sabían que el pueblo de Puerto Rico, por ser pobre y tarugo, iba a tener la necesidad de pedir dinero prestado. Además, los gerifaltes del poder financiero también estaban contentos porque, por medio de sus billetes e influencias, habían logrado que la constitución tuviera una garantía para sus billetes e inversiones. Dicha garantía constitucional, producto de la sabiduría y viveza de los gerifaltes del poder financiero, indica que «el pago de intereses y la amortización de la deuda [pública] tendrán prioridad cuando el estado no tenga recursos suficientes para cumplir con sus asignaciones presupuestarias.»[cxxiii]

El segundo ejemplo que plasmaré, proviene desde ese quebrado y europeo país llamado el Reino de España. Allí, los gerifaltes del poder financiero metieron sus manos dentro de la constitución española. Como resultado de eso, dichos gerifaltes lograron obtener una garantía constitucional para sus billetes e inversiones. Según dicha garantía, el pago de los intereses y del capital de la deuda pública «gozará de prioridad absoluta.» Es decir, primero se le paga –sin excusas– al poder financiero.[cxxiv]

Ahora bien, esa es la primera parte de la garantía. La segunda parte de la garantía constitucional para el poder financiero, en lo pertinente, menciona que «los créditos para satisfacer la deuda pública no podrán ser objeto de enmienda o modificación. Ello significa que, constitucionalmente, no se podría hacer una reestructuración ordenada de dicha deuda.»[cxxv]

Referencias

[i] Muñoz, R. (XXVIII No. 6). **La mano que mece la cuna**. México, Latinoamérica: *Revista Muy Interesante*, pág.56.

[ii] Juliá, S. (2011). **Desalmado capital**. Madrid, España: *El País*. Consultado el 3 de mayo de 2014, de http://elpais.com/diario/2011/04/24/domingo/1303615834_850215.html.

[iii] Muñoz, R. (XXVIII No. 6). **La mano que mece la cuna**. México, Latinoamérica: *Revista Muy Interesante*, pág.56.

[iv] **Juez de EE.UU. frena pago de Argentina a acreedores**. (2014). La Habana, Cuba.: *Granma*. Información consultada el 28 de diciembre de 2014, de http://www.granma.cu/mundo/2014-06-27/juez-de-eeuu-frena-pago-de-argentina-a-acreedores.

[v] Saramago, J. (2010). **José Saramago en sus palabras**. México, D.F.: *Editorial Alfaguara*, pág.429. {ISBN: 978-607-11-0677-3}.

[vi] Rousseau, J.J. **El contrato social**. Recogido en: Obras selectas: Jean Jacques Rousseau. (2004). Madrid, España: *EDIMAT Libros*, pág.91.

[vii] Rousseau, J.J. **El contrato social**. Recogido en: Obras selectas: Jean Jacques Rousseau. (2004). Madrid, España: *EDIMAT Libros*, pág.119.

[viii] Saramago, J. (2010). **José Saramago en sus palabras**. México, D.F.: *Editorial Alfaguara*, pág.477. {ISBN: 978-607-11-0677-3}.

[ix] Josep Ramoneda. **Soberanía financiera y soberanía popular**. (2012). Madrid, España: *El País*. Consultado el 30 de diciembre de 2014, de http://elpais.com/elpais/2012/05/11/opinion/1336757858_053462.html. También debe leer: Ricardo Cortés Chico. **Degradan bonos del Gobierno por debate legislativo sobre reforma contributiva**. (2015). Guaynabo, Puerto Rico.: *El Nuevo Día*. Recuperado el 30 de abril de 2015, de http://www.elnuevodia.com/noticias/politica/nota/degradanbonosdelgobiernopordebatelegislativosobrereformacontributiva-2025636/.

[x] **La Plutocracia: el control del Estado por el dinero**. (2000). Argentina, Latinoamérica.: *La Editorial Virtual*. Información consultada el 23 de septiembre de 2013, de http://www.laeditorialvirtual.com.ar/Pages/Martos_LaPlutocracia.htm. También debe leer: **Vote lo que se vote, el Gobierno doble de EE.UU. no cambiará**. (2014). Moscú, Rusia.: *Russia Today (RT)*. Información consultada el 31 de diciembre de 2014, de http://actualidad.rt.com/actualidad/view/144138-votar-gobierno-doble-cambiar-eeuu.

[xi] Ricardo Cortés Chico. **Degradan bonos del Gobierno por debate legislativo sobre reforma contributiva**. (2015). Guaynabo, Puerto Rico.: *El Nuevo Día*. Recuperado el 30 de abril de 2015, de http://www.elnuevodia.com/noticias/politica/nota/degradanbonosdelgobiernopordebatelegislativosobrereformacontributiva-2025636/.

[xii] Vea el análisis del Dr. José A. Estévez Araújo, catedrático de Filosofía del Derecho en la Universidad de Barcelona, en: José A. Estévez Araújo. (2011). **El poder del sistema financiero sobre los estados**. España, Unión Europea: *Alba Sud*. Consultado el 12 de mayo de 2014, de http://www.albasud.org/noticia/es/256/el-poder-del-sistema-financiero-sobre-los-estados.

[xiii] Tim Weber. **Davos 2012: los magnates se preguntan si el capitalismo tiene futuro**. (2012). Londres, Reino Unido.: *British Broadcasting Corporation (BBC)*. Recuperado el 30 de diciembre de 2012, de http://news.bbc.co.uk/.

[xiv] Dr. José Saramago, premio Nobel de Literatura, según citado en: **El mundo en palabras: las frases inmortales que dejó José Saramago**. (2010). Perú, Latinoamérica: *El Comercio*. Consultado el 3 de mayo de 2015, de http://elcomercio.pe/luces/arte/mundo-palabras-frases-inmortales-que-dejo-jose-saramago-noticia-496950.

[xv] **La Plutocracia: el control del Estado por el dinero.** (2000). Argentina, Latinoamérica.: *La Editorial Virtual*. Información consultada el 23 de septiembre de 2013, de http://www.laeditorialvirtual.com.ar/Pages/Martos_LaPlutocracia.htm. También debe leer: Debra Cassens Weiss. **Justice Thomas: Any black president must be approved by elites.** (2013). Chicago, IL.: *American Bar Association Journal*. Consultado el 20 de diciembre de 2013, de http://www.abajournal.com/.

[xvi] Kraus, A. (2004). **Morir con dignidad. Unas notas.** México, Latinoamérica: *La Jornada*. Consultado el 8 de mayo de 2013, de http://www.jornada.unam.mx/2004/07/14/020a2pol.php?printver=0&fly=2. También debe leer: Umberto Eco. (2013). **Baile en torno a la muerte.** Bogotá, República de Colombia.: *El Espectador*. Información consultada el 11 de mayo de 2014, de http://www.elespectador.com/opinion/baile-torno-muerte-columna-395235.

[xvii] Marty Jezer, escritor y periodista estadounidense, en: **La Plutocracia: el control del Estado por el dinero.** (2000). Argentina, Latinoamérica.: *La Editorial Virtual*. Información consultada el 23 de septiembre de 2013, de http://www.laeditorialvirtual.com.ar/Pages/Martos_LaPlutocracia.htm. También debe leer: Debra Cassens Weiss. **Justice Thomas: Any black president must be approved by elites.** (2013). Chicago, IL.: *American Bar Association Journal*. Consultada el 20 de mayo de 2014, de http://www.abajournal.com/.

[xviii] Vea el análisis del Dr. Scott Mcconnell, periodista y doctor en filosofía por la Universidad Columbia en la ciudad de Nueva York, en: **¿Quiénes llevan las riendas de EE.UU.?** (2015). Moscú, Rusia.: *Russia Today (RT)*. Consultada el 30 de mayo de 2015, de http://actualidad.rt.com/actualidad/164673-gobernar-eeuu-magnate-dinero-politica.

[xix] Dr. José Saramago, premio Nobel de Literatura, según citado en: **El mundo en palabras: las frases inmortales que dejó José Saramago.** (2010). Perú, Latinoamérica: *El Comercio*. Información consultada el 23 de noviembre de 2014, de http://elcomercio.pe/luces/arte/mundo-palabras-frases-inmortales-que-dejo-jose-saramago-noticia-496950.

[xx] Matthew Quirk, reportero de la revista *«The Atlantic»* y graduado de la Universidad de Harvard, en: **Cómo gobernar EE.UU. influyendo en las 500 personas más poderosas.** (2012). Madrid, España.: *El Confidencial*. Información consultada el 1 de mayo de 2014, de http://www.elconfidencial.com/. También debe leer: **Europa pone su democracia en manos de los tecnócratas.** (2011). Londres, Reino Unido.: *British Broadcasting Corporation (BBC)*. Información consultada el 30 de noviembre de 2011, de http://news.bbc.co.uk/hi/spanish/news/.

[xxi] Ramoneda, J. (2012). **Soberanía financiera y soberanía popular.** Madrid, España: *El País*. Consultado el 3 de mayo de 2014, de http://elpais.com/elpais/2012/05/11/opinion/1336757858_053462.html.

[xxii] Saramago, J. (2010). **José Saramago en sus palabras.** México, D.F.: *Editorial Alfaguara*, pág.435. {ISBN: 978-607-11-0677-3}.

[xxiii] Sergio M. Marxuach. **La desigualdad y el crecimiento económico.** (2014). San Juan, Puerto Rico.: *The Center for a New Economy*. Información consultada el 23 de diciembre de 2014, de http://grupocne.org/.

[xxiv] Saramago, J. (2010). **José Saramago en sus palabras.** México, D.F.: *Editorial Alfaguara*, pág.428. {ISBN: 978-607-11-0677-3}.

[xxv] Molina, J. (2014). **Población subyacente.** España, Unión Europea.: *Diario Progresista*. Consultado el 23 de abril de 2015, de http://www.diarioprogresista.es/poblacion-subyacente-45769.htm.

[xxvi] Según Lloyd Blankfein, director general de Goldman Sachs, en: **Directivo de Goldman Sachs renuncia en público y dando un portazo.** (2012). Londres, Reino

Unido.: *British Broadcasting Corporation (BBC)*. Recuperado el 30 de diciembre de 2012, de http://news.bbc.co.uk/hi/spanish/news/.

[xxvii] Joanisabel González. **En manos de los bonistas**. (2014). Guaynabo, Puerto Rico.: *El Nuevo Día*. [Versión electrónica]. También debe leer: Ricardo Cortés Chico. **Degradan bonos del Gobierno por debate legislativo sobre reforma contributiva**. (2015). Guaynabo, Puerto Rico.: *El Nuevo Día*. Recuperado el 30 de abril de 2015, de http://www.elnuevodia.com/noticias/politica/nota/degradanbonosdelgobiernopordebateleg islativosobrereformacontributiva-2025636/.

[xxviii] Vea el análisis de Daniel Kahneman, premio Nobel de Economía y profesor de la Universidad de Princeton, en: Vasconcelos, E. (2012). **Daniel Kahneman: «La gente vota sobre cosas de las que no tiene ni idea»**. Madrid, España.: *Diario ABC*. Recuperado el 31 de diciembre de 2013, de http://www.abc.es/.

[xxix] Mario Benedetti. (1993). **Tener y no tener**. Madrid, España.: *El País*. Consultado el 23 de noviembre de 2014, de http://www.elpais.com/. También debe leer: Alberto Souviron. **La dictadura del mercado**. (2002). Londres, Reino Unido.: *British Broadcasting Corporation (BBC)*. Información recuperada el 30 de diciembre de 2012, de http://news.bbc.co.uk/hi/spanish/news/.

[xxx] Vea el análisis del Dr. José A. Estévez Araújo, catedrático de Filosofía del Derecho en la Universidad de Barcelona, en: José A. Estévez Araújo. (2011). **El poder del sistema financiero sobre los estados**. España, Unión Europea: *Alba Sud*. Consultado el 23 de enero de 2015, de http://www.albasud.org/noticia/es/256/el-poder-del-sistema-financiero-sobre-los-estados. También debe leer: Junquera, N. (2012). **La democracia está secuestrada. El poder financiero manda sobre el político**. Madrid, España: *El País*. Consultado el 3 de mayo de 2014, de http://politica.elpais.com/politica/2012/06/21/actuali dad/1340302622_572695.html.

[xxxi] Armando B. Ginés. (2014). **Tiempo de trabajo, dinero y populismo de izquierdas**. España, Unión Europea.: *Diario Octubre*. Consultado el 30 de noviembre de 2014, dehttp://www.diario-octubre.com/2014/10/21/tiempo-de-trabajo-dinero-y-populismo-de-izquierdas/.

[xxxii] Fernando Vallespín, catedrático de Ciencia Política de la Universidad Autónoma de Madrid, en: Lucas Martín. (2015). **El bipartidismo ha pasado a la historia; se ha roto con la identificación mayoritaria**. España, Unión Europea: *La Opinión do Málaga*. Consultado el 23 de marzo de 2015, de http://www.laopiniondemalaga.es/malaga/2015/0 2/20/bipartidismo-pasado-historia-roto-identificacion/745054.html. También debe leer: Junquera, N. (2012). **La democracia está secuestrada. El poder financiero manda sobre el político**. Madrid, España: *El País*. Consultado el 30 de diciembre de 2014, de http://politica.elpais.com/politica/2012/06/21/actualidad/1340302622_572695.html.

[xxxiii] San Agustín, **Del libre albedrío, I, 8, 19**. Vea lo dicho en: Antología de la estupidez. (2011). España, Unión Europea: *El Cultural*. Información consultada el 18 de agosto de 2014, de http://www.elcultural.es/noticias/letras/Antologia-de-la-estupidez/2486.

[xxxiv] Elena Poniatowska, premio Cervantes y doctorado honoris causa en Letras Humanas por la Universidad de Puerto Rico, en: Gutiérrez, A. (2014). **Cada vez menos, quienes resisten al poder financiero**. México, Latinoamérica: *Revista Proceso*. Información consultada el 23 de marzo de 2015, de http://www.proceso.com.mx/?p=370367.

[xxxv] Como explica Juan Díez, catedrático de la Universidad Complutense de Madrid, en: Díez, J. (2010). **Poder político y poder financiero**. España, Unión Europea: *ABC*. Consultado el 30 noviembre de 2013, de http://www.abc.es/20100830/latercera/poder-politico-poder-financiero-20100830.html.

[xxxvi]**La deuda, versión moderna de la esclavitud**. (2012). Moscú, Rusia.: *Russia Today (RT)*. Información consultada el 31 de diciembre de 2014, de http://actualidad.rt.com/economia/view/51490-deuda-metodo-esclavizacion-financiera-bancos-crisis-euro.

[xxxvii]**Juan Domingo Perón**. (2014). Argentina, Latinoamérica.: *Frases y Pensamientos*. Recuperado el 11 de mayo de 2014, de http://www.frasesypensamientos.com.ar/frases-de-soberano.html.

[xxxviii]Reig, R. (2007). **El periodista en la telaraña: nueva economía, comunicación, periodismo, públicos**. Barcelona, España: *Anthropos Editorial*, pág. 43. También debe leer: Ximénez, P. (2010). **Zapatero está de rodillas ante los bancos**. Madrid, España.: *El País*. Consultado el 3 de mayo de 2014, de http://elpais.com/diario/2010/05/16/espana/1273960810_850215.html.

[xxxix]Debe leer las siguientes referencias: **Buffett apuesta por Wells Fargo, IBM, Coca Cola y American Express**. (2013). Madrid, España. *Editorial PRISA*. Información consultada el 23 de enero de 2015, de http://cincodias.com/cincodias/2013/08/15/mercados/1376586147_596373.html. **Buffet se convierte en uno de los máximos accionistas de Goldman**. (2013). Madrid, España. *Editorial PRISA*. Consultado el 23 de enero de 2015, de http://cincodias.com/cincodias/2013/03/26/mercados/1364315789_542729.html. **El FMI aprueba un préstamo de 17.500 millones de dólares para Ucrania**. (2015). Moscú, Rusia.: *Russia Today (RT)*. Información consultada el 30 de marzo de 2015, de http://actualidad.rt.com/actualidad/168755-fmi-ucrania-prestamo-crisis-ayuda. **Juez de EE.UU. frena pago de Argentina a acreedores**. (2014). La Habana, Cuba.: *Granma*. Información consultada el 28 de diciembre de 2014, de http://www.granma.cu/mundo/2014-06-27/juez-de-eeuu-frena-pago-de-argentina-a-acreedores.

[xl]Vanessa Gutiérrez, licenciada en filología inglesa por la Universidad de León, en: Vanessa Gutiérrez. (2015). **Democracia: el poder del pueblo**. España, Unión Europea.: *Diario de León*. Consultado el 20 de marzo de 2015, de http://www.diariodeleon.es/noticias/opinion/democracia-poder-pueblo_957921.html.

[xli]Debra Cassens Weiss. **Lack of Wall Street prosecutions spurs federal judge's critical essay**. (2013). Chicago, IL.: *American Bar Association Journal*. Información consultada el 20 de diciembre de 2013, de http://www.abajournal.com/; **Multa de $4,000 millones a JP Morgan Chase por hipotecas basura**. (2013). San Juan, Puerto Rico.: *Noticel*. Información consultada el 29 de diciembre de 2013, de http://www.noticel.com/; Simón, R. (2012). **Wells Fargo pagará US$175 millones para resolver acusaciones de discriminación**. Nueva York, EEUU.: *The Wall Street Journal*. Información consultada el 30 de diciembre de 2012, de http://online.wsj.com/public/page/espanol-inicio.html; **Jugosa suma para cerrar pesquisas**. (2006). Guaynabo, Puerto Rico.: *El Nuevo Día*. Recuperado el 28 de marzo de 2006, de http://www.endi.com/.

[xlii]Alfonso Fernández. **Bank of America pagará multa de $16,500 millones**. (2014). Guaynabo, Puerto Rico.: *El Nuevo Día*. Recuperado el 30 de diciembre de 2014, de http://www.elnuevodia.com/.

[xliii]Pozzi, S. (2014). **EE UU sanciona a Citigroup por el empaquetado de hipotecas tóxicas**. Madrid, España: *El País*. Información consultada el 30 de mayo de 2015, de http://economia.elpais.com/economia/2014/07/14/actualidad/1405336862_640282.html.

[xliv]**Morgan Stanley acepta pagar 2.290 millones de euros de multa por las hipotecas basura**. (2015). Madrid, España.: *Corporación Radio Televisión Española (RTVE)*. Información consultada el 3 de abril de 2015, de http://www.rtve.es/noticias/20150226/morgan-stanley-acepta-pagar-2290-millones-euros-multa-hipotecas-basura/1105420.shtml. También debe leer: Baer, J. (2015). **Morgan Stanley to Pay $2.6 Billion to Settle Mortgage Cases**. Nueva York, EEUU.: *The Wall Street Journal*. Información consultada

el 30 de marzo de 2015, de http://www.wsj.com/articles/morgan-stanley-to-pay-2-6-billion-to-settle-mortgage-cases-1424904275.

[xlv]Dávalos, P. (2001). **Yuyarinakuy**. Quito, Ecuador: *Editorial Abya Yala*, pág.33.

[xlvi]Raúl Gabás, catedrático de filosofía en la Universidad Autónoma de Barcelona, en: Riaño, P. (2010). **Schopenhauer: un siglo y medio a cara de perro**. España, Unión Europea.: *Público*. Consultado el 23 de mayo de 2013, de http://www.publico.es/culturas/336737/schopenhauer-un-siglo-y-medio-a-cara-de-perro.

[xlvii]Armando B. Ginés. **Libertad de expresión y libertad de pensamiento**. (2014). España, Unión Europea.: *Diario Octubre*. Información consultada el 31 de diciembre de 2014, de http://www.diario-octubre.com/2014/04/02/libertad-de-expresion-y-libertad-de-pensamiento/; **Seis empresas poseen el 90% de los medios**. (2013). Moscú, Rusia.: *Russia Today (RT)*. Consultado el 12 de diciembre de 2013, de http://actualidad.rt.com/; **Los medios de EE.UU. son serviles**. (2013). Moscú, Rusia.: *Russia Today (RT)*. Información consultada el 12 de diciembre de 2013, de http://actualidad.rt.com/.

[xlviii]Como explica Juan Díez, catedrático de la Universidad Complutense de Madrid, en: Díez, J. (2010). **Poder político y poder financiero**. España, Unión Europea: *ABC*. Consultado el 21 de febrero de 2013, de http://www.abc.es/20100830/latercera/poder-politico-poder-financiero-20100830.html. También debe leer: Junquera, N. (2012). **La democracia está secuestrada. El poder financiero manda sobre el político**. Madrid, España: *El País*. Consultado el 30 de diciembre de 2014, de http://politica.elpais.com/politica/2012/06/21/actualidad/1340302622_572695.html.

[xlix]**Ucrania recibe el primer tramo del préstamo del FMI**. (2015). México, Latinoamérica: *El Economista*. Información consultada el 30 de marzo de 2015, de http://eleconomista.com.mx/economia-global/2015/03/13/ucrania-recibe-primer-tramo-prestamo-fmi. También debe leer: **El FMI presta a Egipto 3.000 millones de dólares**. (2011). España, Unión Europea: *La Voz de Galicia*. Consultado el 23 de marzo de 2015, dehttp://www.lavozdegalicia.es/dinero/2011/06/05/0003130729072975359205071 40.htm.

[l]Saramago, J. (2010). **José Saramago en sus palabras**. México, D.F.: *Editorial Alfaguara*, pág.429. {ISBN: 978-607-11-0677-3}.

[li]Vea el análisis de Richard J. Roberts, premio Nobel de Medicina, en: **Nobel de medicina: Curar enfermedades no es rentable para las farmacéuticas**. (2013). Moscú, Rusia.: *Russia Today*. Información consultada el 12 de diciembre de 2013, de http://actualidad.rt.com/. Usted también debe leer: Ignacio Sánchez-Cuenca. (2014). **El contrato social se ha roto**. España, Unión Europea: *Ediciones Prensa Libre S.L.* Información consultado el 23 de marzo de 2015, de http://www.infolibre.es/noticias/opinion/2014/11/05/el_contrato_social_roto_23526_1023.html.

[lii]Saramago, J. (2010). **José Saramago en sus palabras**. México, D.F.: *Editorial Alfaguara*, pág.434. {ISBN: 978-607-11-0677-3}.

[liii]Arthur Schopenhauer. (2014). **El arte de envejecer**. Madrid, España: *Alianza Editorial*, pág.73.

[liv]Vea las palabras de Benedicto XVI, en: **Benedicto XVI preocupado por desempleo en España**. (2011). Argentina, Latinoamérica.: *26 Noticias*. Información consultada el 18 de agosto de 2012, de http://www.26noticias.com.ar/.

[lv]Mario Benedetti. (1993). **Poderoso caballero**. Madrid, España.: *El País*. Consultado el 3 de mayo de 2011, de http://www.elpais.com/.

[lvi]Rafael Castro Pereda. (1997). **Yo no fui, ya privaticé**. Guaynabo, Puerto Rico. *El Nuevo Día*. Consultado el 23 de mayo de 2014, de http://www.adendi.com/archivo.asp?n

um=303060&year=1997&month=8&keyword=. También debe leer: Brenda Sanchinelli Izeppi. **Plutocracia**. (2013). Guatemala, Latinoamérica.: *Prensa Libre*. Consultado el 23 de mayo de 2013, de http://www.prensalibre.com/opinion/plutocracia_0_958704145.html.

[lvii]Vea el análisis del Dr. Scott Mcconnell, periodista y doctor en filosofía por la Universidad Columbia en la ciudad de Nueva York, en: **¿Quiénes llevan las riendas de EE.UU.?** (2015). Moscú, Rusia.: *Russia Today (RT)*. Información consultada el 10 de abril de 2015, de http://actualidad.rt.com/actualidad/164673-gobernar-eeuu-magnate-dinero-politica. También debe leer las siguientes referencias: (a) Debra Cassens Weiss. **Justice Thomas: Any black president must be approved by elites**. (2013). Chicago, IL.: *American Bar Association Journal*. Información consultada el 20 de diciembre de 2013, de http://www.abajournal.com/; y (b) **Rule from the Shadows: The Psychology of Power**. (2014). EUA.: *Top Documentary Films*. Información consultada el 23 de marzo de 2014, de http://topdocumentaryfilms.com/rule-shadows-psychology-power/.

[lviii]**La Plutocracia: el control del Estado por el dinero**. (2000). Argentina, Latinoamérica.: *La Editorial Virtual*. Información consultada el 23 de septiembre de 2013, de http://www.laeditorialvirtual.com.ar/Pages/Martos_LaPlutocracia.htm. También debe leer: Eduardo Galeano, escritor y pensador uruguayo, en: **Este es un mundo especializado en el exterminio del prójimo: Eduardo Galeano**. (2012). Colombia, Latinoamérica.: *Revista Arcadia*. Información consultada el 11 de agosto de 2013, de http://www.revistaarcadia.com/.

[lix]Junquera, N. (2012). **La democracia está secuestrada. El poder financiero manda sobre el político**. Madrid, España: *El País*. Consultado el 30 de diciembre de 2014, de http://politica.elpais.com/politica/2012/06/21/actualidad/1340302622_572695.html. También debe leer: Saramago, J. (2010). **José Saramago en sus palabras**. México, D.F.: *Editorial Alfaguara*, pág.477. {ISBN: 978-607-11-0677-3}.

[lx]Vea las palabras del Dr. Pablo Manuel Iglesias Turrión, doctor por la Universidad Complutense de Madrid, en: Pozzi, S. (2015). **Iglesias se presenta en Nueva York como un líder sin bandera política**. Madrid, España.: *El País*. Consultado el 30 de marzo de 2015, de http://politica.elpais.com/politica/2015/02/17/actualidad/1424207924_925929.html. Usted también debe leer: Junquera, N. (2012). **La democracia está secuestrada. El poder financiero manda sobre el político**. Madrid, España: *El País*. Consultado el 30 de diciembre de 2014, de http://politica.elpais.com/politica/2012/06/21/actualidad/1340302622_572695.html.

[lxi]Vea el análisis del profesor Oscar Ugarteche, profesor de la Universidad Nacional Autónoma de México y profesor de la Universidad Libre de Berlín, en: Rusiñol, P. (2011). **El poder financiero toma los Gobiernos de la UE**. Madrid, España.: *Público*. Información consultada el 30 de diciembre de 2014, dehttp://www.publico.es/actualidad/financiero-toma-gobiernos-ue.html. Usted también debe leer: Junquera, N. (2012). **La democracia está secuestrada. El poder financiero manda sobre el político**. Madrid, España: *El País*. Consultado el 30 de diciembre de 2014, de http://politica.elpais.com/politica/2012/06/21/actualidad/1340302622_572695.html.

[lxii]Vea el análisis del Dr. Richard J. Roberts, premio Nobel de Medicina, en: **Nobel de medicina: Curar enfermedades no es rentable para las farmacéuticas**. (2013). Moscú, Rusia.: *Russia Today*. Información consultada el 12 de diciembre de 2013, de http://actualidad.rt.com/. Usted también debe leer las siguientes referencias: (a) **La Plutocracia: el control del Estado por el dinero**. (2000). Argentina, Latinoamérica.: *La Editorial Virtual*. Consultado el 2 de mayo de 2013, de http://www.laeditorialvirtual.com.ar/Pages/Martos_LaPlutocracia.htm; (b) Debra Cassens Weiss. **Justice Thomas: Any**

black president must be approved by elites. (2013). Chicago, IL.: *American Bar Association Journal*. Información consultada el 20 de diciembre de 2013, de http://www.abajournal.com/; y (c) Alma E. Muñoz. (2014). **El poder financiero es el que manda en México, sostiene Adolfo Gilly**. Ciudad de México, México.: *La Jornada*. Información consultada el 31 de diciembre de 2014, de http://www.jornada.unam.mx/2014/04/05/politica/012n2pol.

[lxiii]Rivera, D. (2015). **Legisladores populares lamentan degradación**. Guaynabo, Puerto Rico.: *El Nuevo Día*. [Versión electrónica: http://www.elnuevodia.com/noticias/politica/nota/legisladorespopulareslamentandegradacion-2025828/].

[lxiv]Josep Ramoneda. **Soberanía financiera y soberanía popular**. (2012). Madrid, España: *El País*. Información consultada el 30 de diciembre de 2014, de http://elpais.com/elpais/2012/05/11/opinion/1336757858_053462.html.

[lxv]**Definición de plutocracia**. (2008). Alemania, Unión Europea: *Definición*. Información consultada el 23 de febrero de 2013, de http://definicion.de/plutocracia/#ixzz2dqiagprT. También debe leer: **La Plutocracia: el control del Estado por el dinero**. (2000). Argentina, Latinoamérica.: *La Editorial Virtual*. Consultado el 23 de septiembre de 2013, de http://www.laeditorialvirtual.com.ar/Pages/Martos_LaPlutocracia.htm.

[lxvi]Vea los resultados de un análisis realizado por expertos de la Universidad de Princeton y de la Universidad Northwestern, en: **Estados Unidos, ¿democracia u oligarquía?** (2014). Londres, Reino Unido.: *British Broadcasting Corporation (BBC)*. Recuperado el 30 de diciembre de 2014, de http://www.bbc.co.uk/mundo/.

[lxvii]Rodríguez, I. (2015). **Carrera contra el desplome de las finanzas públicas**. Guaynabo, Puerto Rico.: *El Nuevo Día*. [Versión electrónica: http://www.elnuevodia.com/noticias/politica/nota/carreracontraeldesplomedelasfinanzaspublicas-2019606/]. También debe leer: Joanisabel González. **En estado crítico el Fondo General**. (2015). Guaynabo, Puerto Rico.: *El Nuevo Día*. Recuperado el 30 de marzo de 2015, de http://www.elnuevodia.com/noticias/politica/nota/enestadocriticoelfondogeneral-2019087/.

[lxviii]Molina, J. (2014). **Población subyacente**. España, Unión Europea.: *Diario Progresista*. Información consultada el 23 de noviembre de 2014, de http://www.diarioprogresista.es/poblacion-subyacente-45769.htm. También debe leer: Ignacio Sánchez-Cuenca. (2014). **El contrato social se ha roto**. España, Unión Europea: *Ediciones Prensa Libre S.L.* Consultado el 23 de marzo de 2015, de http://www.infolibre.es/noticias/opinion/2014/11/05/el_contrato_social_roto_23526_1023.html.

[lxix]Noam Chomsky. (2013). **El mundo se libera de Estados Unidos**. España, Unión Europea.: *Diario Octubre*. Consultado el 27 de noviembre de 2014, de http://www.diario-octubre.com/.

[lxx]Vea los resultados de un análisis realizado por expertos de la Universidad de Princeton y de la Universidad Northwestern, en: **Estados Unidos, ¿democracia u oligarquía?** (2014). Londres, Reino Unido.: *British Broadcasting Corporation (BBC)*. Recuperado el 30 de diciembre de 2014, de http://www.bbc.co.uk/mundo/. También debe leer: **La Plutocracia: el control del Estado por el dinero**. (2000). Argentina, Latinoamérica.: *La Editorial Virtual*. Información consultada el 23 de septiembre de 2013, de http://www.laeditorialvirtual.com.ar/Pages/Martos_LaPlutocracia.htm.

[lxxi]Vea el análisis del Dr. José A. Estévez Araújo, catedrático de Filosofía del Derecho en la Universidad de Barcelona, en: José A. Estévez Araújo. (2011). **El poder del sistema financiero sobre los estados**. España, Unión Europea: *Alba Sud*. Consultado el 23 de enero de 2015, de http://www.albasud.org/noticia/es/256/el-poder-del-sistema-financiero-sobre-los-estados. También debe leer las siguientes referencias: (a) Mulero, L. (2005, 14 de octubre). **Una película de horror el gasto gubernamental**. Guaynabo, Puerto Rico:

El Nuevo Día. Recuperado el 14 de octubre de 2005, de http://www.endi.com/; y (b) **El modelo de negocio de Wall Street es el fraude y el engaño**. (2015). Moscú, Rusia.: *Russia Today (RT)*. Consultado el 30 de marzo de 2015, de http://actualidad.rt.com/actualidad/165921-eeuu-sanders-wall-street-fraude.

[lxxii]**¿Cómo Puerto Rico llegó a tener crédito chatarra?** (2014). Guaynabo, Puerto Rico.: *El Nuevo Día*. Recuperado el 30 de diciembre de 2014, de http://www.elnuevodia.com/; **Lo que tienes que saber de la degradación**. (2014). Guaynabo, Puerto Rico.: *El Nuevo Día*. [Versión electrónica: http://www.elnuevodia.com/].

[lxxiii]Rebecca Banuchi. **Presentan medidas para reestructurar la deuda pública**. (2015). Guaynabo, Puerto Rico.: *El Nuevo Día*. [Versión electrónica: http://www.elnuevodia.com/noticias/politica/nota/presentanmedidasparareestructurarladeudapublica-2020305/].

[lxxiv]Gutiérrez, E. (2015). **Reestructuración**. Guaynabo, Puerto Rico.: *El Nuevo Día*. [Versión electrónica: http://www.elnuevodia.com/noticias/locales/nota/reestructuracion-2002785/]. También debe leer: Eva Laureano. **Puerto Rico y sus problemas financieros son clase aparte en EE.UU.** (2014). San Juan, Puerto Rico.: *Noticel*. Información consultada el 29 de diciembre de 2014, de http://www.noticel.com/.

[lxxv]Rodríguez, V. (2015, 12 de marzo). **Moody 's degrada bonos de la UPR**. Caguas, Puerto Rico.: *Metro*. Consultad0 el 25 de marzo de 2015, de http://www.metro.pr/economia/moody-s-degrada-bonos-de-la-upr/pGXocl!bNbK18fPB1vL/. Usted también debe leer: Rodríguez, D. (2015). **Alumnos y exalumnos celebran los 112 años de la Iupi**. San Juan, Puerto Rico. *Universidad de Puerto Rico, Diálogo*. Información consultada el 28 de marzo de 2015, de http://dialogoupr.com/noticia/upr/alumnos-y-exalumnos-celebran-los-112-anos-de-la-iupi/.

[lxxvi]Editorial de El Nuevo Día. **Puerto Rico está en quiebra**. (2015). Guaynabo, Puerto Rico.: *El Nuevo Día*. [Versión electrónica: http://www.elnuevodia.com/noticias/locales/nota/puertoricoestaenquiebra-2002768/]. También debe leer: John Burnett. (2015). **Island of Disenchantment**. Nueva York, EUA: *U.S. News & World Report*. Información consultada el 23 de abril de 2015, de http://www.usnews.com/opinion/economic-intelligence/2015/03/11/puerto-ricos-agencies-dont-need-chapter-9-bankruptcy.

[lxxvii]Medina, A. (2011). **La unión puertorriqueña**. San Juan, Puerto Rico.: *Derecho y escritura*. Consultado el 11 de mayo de 2012, de http://derechoyescritura.blogspot.com/.

[lxxviii]Joel Cintrón & John Marino. (2015) **¿Cómo llegan estos fondos buitres a la isla?** Caguas, P.R.: *Metro*. Consultada el 30 de abril de 2015, de http://www.metro.pr/economia/como-llegan-estos-fondos-buitres-a-la-isla/pGXodi!YqmoWTY0NsCpl/.

[lxxix]Saramago, J. (2010). **José Saramago en sus palabras**. México, D.F.: *Editorial Alfaguara*, pág.433. {ISBN: 978-607-11-0677-3}.

[lxxx]**Guía de términos básicos relacionados con la degradación del crédito**. (2014). Guaynabo, Puerto Rico.: *Primera Hora*. [Versión electrónica: http://www.primerahora.com/noticias/gobierno-politica/nota/guiadeterminosbasicosrelacionadosconladegradaciondelcredito-987797/]. Usted también debe leer: Ricardo Cortés Chico. **Degradan bonos del Gobierno por debate legislativo sobre reforma contributiva**. (2015). Guaynabo, Puerto Rico.: *El Nuevo Día*. Recuperado el 30 de abril de 2015, de http://www.elnuevodia.com/noticias/politica/nota/degradanbonosdelgobiernopordebatelegislativosobrereformacontributiva-2025636/.

[lxxxi]Vea las palabras del maestro Jürgen Habermas, filósofo europeo, en: Rusiñol, P. (2011). **El poder financiero toma los Gobiernos de la UE**. Madrid, España.: *Público*. Información consultada el 30 de diciembre de 2015, de http://www.publico.es/actualidad/financiero-toma-gobiernos-ue.html.

[lxxxii] Medina, A. (2011). **La unión puertorriqueña**. San Juan, Puerto Rico.: *Derecho y escritura*. Consultado el 11 de mayo de 2012, de http://derechoyescritura.blogspot.com/.
[lxxxiii] Saramago, J. (2010). **José Saramago en sus palabras**. México, D.F.: *Editorial Alfaguara*, pág.431. {ISBN: 978-607-11-0677-3}.
[lxxxiv] Ramoneda, J. (2012). **Soberanía financiera y soberanía popular**. Madrid, España: *El País*. Consultado el 30 de mayo de 2014, de http://elpais.com/elpais/2012/05/11/opinio n/1336757858_053462.html.También debe ver: Rafael Mathus Ruiz. (2014). **La Corte Suprema de EE.UU. falló contra el país y obliga a pagarles a los holdouts**. Buenos Aires, Argentina.: *La Nación*. Información consultada el 23 de febrero de 2015, de http://www.lanacion.com.ar/1702004-la-corte-suprema-de-eeuu-fallo-contra-el-pais-y-obliga-a-pagarles-a-los-holdouts.
[lxxxv] Vea el análisis del Dr. José A. Estévez Araújo, catedrático de Filosofía del Derecho en la Universidad de Barcelona, en: José A. Estévez Araújo. (2011). **El poder del sistema financiero sobre los estados**. España, Unión Europea: *Alba Sud*. Consultado el 23 de enero de 2015, de http://www.albasud.org/noticia/es/256/el-poder-del-sistema-financiero-sobre-los-estados. También debe leer las siguientes referencias: (a) Mulero, L. (2005, 14 de octubre). **Una película de horror el gasto gubernamental**. Guaynabo, Puerto Rico: *El Nuevo Día*. Recuperado el 14 de octubre de 2005, de http://www.endi.com/; y (b) **El modelo de negocio de Wall Street es el fraude y el engaño**. (2015). Moscú, Rusia.: *Russia Today (RT)*. Consultado el 30 de marzo de 2015, de http://actualidad.rt.com/actualidad/165921-eeuu-sanders-wall-street-fraude.
[lxxxvi] **La mano invisible de la élite financiera mueve las campañas de Obama y Romney**. (2012). Moscú, Rusia.: *Russia Today (RT)*. Información consultada el 31 de noviembre de 2014, de http://actualidad.rt.com/actualidad/view/57312-obama-o-romney-elite-financiera-detras-candidatos-casa-blanca. Usted también debe leer: **Europa pone su democracia en manos de los tecnócratas**. (2011). Londres, Reino Unido.: *British Broadcasting Corporation (BBC)*. Información consultada el 30 de diciembre de 2011, de http://news.bbc.co.uk/hi/spanish/news/.
[lxxxvii] Alberto Souviron. **La dictadura del mercado**. (2002). Londres, Reino Unido.: *British Broadcasting Corporation (BBC)*. Información recuperada el 30 de noviembre de 2012, de http://news.bbc.co.uk/hi/spanish/news/.
[lxxxviii] Como explica Juan Díez, catedrático de la Universidad Complutense de Madrid, en: Díez, J. (2010). **Poder político y poder financiero**. España, Unión Europea: *ABC*. Consultado el 28 de noviembre de 2013, de http://www.abc.es/20100830/latercera/poder-politico-poder-financiero-20100830.html.
[lxxxix] Vea el análisis de Michael Ignatieff, periodista, expolítico canadiense y profesor de la Universidad de Harvard, en: Rizzi, A. (2012). **El Estado debe vigilar al mercado como un águila**. Madrid, España.: *El País*. Consultado el 30 de diciembre de 2014, de http://www.elpais.com/. También debe leer: Marcelo Justo. **La adicción al juego de los banqueros, un negocio peligroso**. (2013). Londres, Reino Unido.: *British Broadcasting Corporation (BBC)*. Información recuperada el 30 de noviembre de 2014, de http://news.bbc.co.uk/hi/spanish/news/.
[xc] Carlos Raimundi, abogado y político argentino, en: **Esta vez el poder financiero mundial tropieza con un gobierno digno**. (2014). Argentina, Latinoamérica: *Telam*. Consultado el 6 de enero de 2015, de http://www.telam.com.ar/notas/201409/77740-raimundi-pago-soberano-de-la-deuda.html. También debe leer: Ximénez, P. (2010). **Zapatero está de rodillas ante los bancos**. Madrid, España: *El País*. Consultado el 30 de mayo de 2014, de http://elpais.com/diario/2010/05/16/espana/1273960810_850215.html.

[xci] Vea el análisis de Cayo Lara Moya, político español y miembro del Partido Comunista de España, en: Ximénez, P. (2010). **Zapatero está de rodillas ante los bancos**. Madrid, España: *El País*. Información consultada el 30 de diciembre de 2014, de http://elpais.com/diario/2010/05/16/espana/1273960810_850215.html.

[xcii] Oscar Ugarteche, profesor del Instituto de Investigación de la Universidad Nacional Autónoma de México (UNAM), en: **El poder financiero supera al de los Estados**. (2012). Ciudad Autónoma de Buenos Aires, Argentina: *Instituto Argentino para el Desarrollo Económico*. Información consultada el 26 de noviembre de 2014, de http://www.iade.org.ar/modules/noticias/article.php?storyid=4178. También debe leer: Rafael Mathus Ruiz. (2014). **La Corte Suprema de EE.UU. falló contra el país y obliga a pagarles a los holdouts**. Buenos Aires, Argentina.: *La Nación*. Consultado el 30 de marzo de 2015, de http://www.lanacion.com.ar/17020 04-la-corte-suprema-de-eeuu-fallo-contra-el-pais-y-obliga-a-pagarles-a-los-holdouts.

[xciii] Eva Laureano. **Gobierno empeña su soberanía a los bonistas para seguir tomando prestado**. (2014). San Juan, Puerto Rico.: *Noticel*. Información consultada el 29 de diciembre de 2014, de http://www.noticel.com/. También debe leer: **Argentina: la crisis de la Fragata Libertad comenzó en los años 90**. (2012). Londres, Reino Unido: *British Broadcasting Corporation (BBC)*. Consultado el 30 de noviembre de 2014, de http://www.bbc.co.uk/mundo/noticias/2012/10/121022_argentina_barco_ghana_bonos_brady_vh.

[xciv] **Argentina: la crisis de la Fragata Libertad comenzó en los años 90**. (2012). Londres, Reino Unido: *British Broadcasting Corporation (BBC)*. Consultado el 30 de diciembre de 2014, de http://www.bbc.co.uk/mundo/noticias/2012/10/121022_argentina_barco_ghana_bonos_brady_vh. También debe leer: **Argentina intentará evitar que los holdouts avancen con el embargo de bienes del país**. (2014). Buenos Aires, Argentina: *Infobae*. Consultado el 29 de diciembre de 2014, de http://www.infobae.com/2 014/12/17/1615690-argentina-intentara-evitar-que-los-holdouts-avancen-el-embargo-bienes-del-pais.

[xcv] Eva Laureano. **Gobierno empeña su soberanía a los bonistas para seguir tomando prestado**. (2014). San Juan, Puerto Rico.: *Noticel*. Información consultada el 29 de marzo de 2015, de http://www.noticel.com/.

[xcvi] Laureano, E. (2014). **P. R. en la mesa con los "buitres", la nueva realidad política**. San Juan, Puerto Rico.: *Noticel*. Información consultada el 29 de marzo de 2015, de http://www.noticel.com/noticia/170291/p-r-en-la-mesa-con-los-buitres-la-nueva-realidad-politica.html.

[xcvii] Voto Particular de Conformidad emitido por el **Juez Asociado señor Kolthoff Caraballo**, en: Ex Parte: A.A.R., 2013 DTS 042 (2013).

[xcviii] Xavier Vidal. **Qué divertidos son estos banqueros**. (2014). Madrid, España: *El País*. Consultado el 30 de diciembre de 2014, de http://economia.elpais.com/economia/2014/1 1/12/actualidad/1415824186_157801.html. También debe leer: Pozzi, S. (2013). **Estados Unidos sanciona a JP Morgan por manipular el precio de la electricidad**. Madrid, España: *El País*. Consultado el 30 de diciembre de 2014, de http://economia.elpais.com/ economia/2013/07/30/actualidad/1375194012_283343.html; **El banco JPMorgan pagará 614 millones por conceder créditos fraudulentos**. (2014). Madrid, España: *El País*. Consultado el 30 de diciembre de 2014, de http://economia.elpais.com/economia/2 014/02/05/agencias/1391587805_267404.html; **Cómo manipularon los bancos la tasa de cambio para enriquecerse**. (2014). Londres, Reino Unido.: *British Broadcasting Corporation (BBC)*. Información consultada el 30 de noviembre de 2014, de http://www.bbc.co.uk/mundo/noticias/2014/11/141112_bancos_divisas_multas_am.

[xcix] **Miles de personas protestarán en Fráncfort contra las medidas de austeridad del BCE**. (2015). Londres, Reino Unido.: *Reuters*. Recuperado el 18 de abril de 2015. {Versión electrónica: http://es.reuters.com/article/entertainmentNews/idESKBN0MB0P42 0150315}.

[c] Eva Laureano. **Gobierno empeña su soberanía a los bonistas para seguir tomando prestado**. (2014). San Juan, Puerto Rico.: *Noticel*. Información consultada el 29 de diciembre de 2014, de http://www.noticel.com/. También debe leer: Joanisabel González. **Qué pasará si degradan el crédito boricua**. (2013). Guaynabo, Puerto Rico.: *El Nuevo Día*. [Versión electrónica]; **Fitch hace advertencia a AGP**. (2012). San Juan, Puerto Rico.: *El Vocero de Puerto Rico*. [Versión electrónica].

[ci] Armando B. Ginés. (2014). **Hacerse puta, nuevo hito de la marca España**. España, Unión Europea.: *Diario Octubre*. Información consultada el 31 de diciembre de 2014, de http://www.diario-octubre.com/2014/03/02/hacerse-puta-nuevo-hito-de-la-marca-espana/.

[cii] Robert Reich. (2014). **College is a ludicrous waste of money**. San Francisco, California: *Salon*. Información consultada el 23 de noviembre de 2014, de http://www.salon.com/2014/09/03/robert_reich_college_is_a_ludicrous_waste_of_money_partner/. Usted también debe leer: Thomas Sparrow. **Los ancianos de EE.UU. que todavía deben préstamos estudiantiles**. (2014). Londres, Reino Unido.: *British Broadcasting Corporation (BBC)*. [Versión electrónica: http://www.bbc.co.uk/mundo/noticias/2014/10/14 1010_eeuu_ancianos_deudas_estudiantiles_tsb].

[ciii] Dr. Noam Chomsky, profesor del Instituto Tecnológico de Massachusetts, en: **El propósito de los medios masivos no es tanto informar sobre lo que sucede, sino más bien dar forma a la opinión pública de acuerdo a las agendas del poder**. (2014). Chile, Latinoamérica: *Gamba*. Consultado el 23 de febrero de 2015, de http://www.gamba.cl/2014/12/el-proposito-de-los-medios-masivos-no-es-informar-es-dar-forma-a-la-opinion-publica-segun-los-intereses-del-poder/.

[civ] Joanisabel González. **En manos de los bonistas**. (2014). Guaynabo, Puerto Rico.: *El Nuevo Día*. [Versión electrónica].

[cv] Vea el análisis del Dr. José A. Estévez Araújo, catedrático de Filosofía del Derecho en la Universidad de Barcelona, en: José A. Estévez Araújo. (2011). **El poder del sistema financiero sobre los estados**. España, Unión Europea: *Alba Sud*. Consultado el 23 de enero de 2015, de http://www.albasud.org/noticia/es/256/ol poder-del-sistema-financiero-sobre-los-estados. También debe leer: Junquera, N. (2012). **La democracia está secuestrada. El poder financiero manda sobre el político**. Madrid, España*: El País*. Consultado el 30 de diciembre de 2014, de http://politica.elpais.com/politica/2012/06/21/actualidad/1340302622_572695.html.

[cvi] Según Manuel Suances Marcos, profesor de Historia de la Filosofía de la UNED, en: **Llegan los últimos pensamientos de Schopenhauer 150 años después de su muerte**. (2010). España, Unión Europea.: *La Vanguardia*. Información consultada el 23 de noviembre de 2013, de http://www.lavanguardia.com/cultura/20100920/54006727670/llegan-los-ultimos-pensamientos-de-schopenhauer-150-anos-despues-de-su-muerte.html.

[cvii] Según el sistema filosófico del Dr. Arthur Schopenhauer. Vea lo dicho en: Moreno, L.F. (2004). **La solución del enigma**. Madrid, España.: *El País*. Información consultada el 30 de diciembre de 2011, de http://www.elpais.com/.

[cviii] Según el Dr. Stephen Hawking, catedrático de la Universidad de Cambridge (Reino Unido), en: **Stephen Hawking afirma que la raza humana deberá abandonar el planeta o se extinguirá**. (2010). Madrid, España.: *Público*. Información consultada el 30 de diciembre de 2010, de http://www.publico.es/.

[cix] Eva Laureano. **P. R. en la mesa con los "buitres", la nueva realidad política**. (2014). San Juan, Puerto Rico.: *Noticel*. Información consultada el 29 de diciembre de 2014, de http://www.noticel.com/noticia/170291/p-r-en-la-mesa-con-los-buitres-la-nueva-realidad-politica.html.
[cx] Vea el análisis del Dr. Joseph Stiglitz, premio Nobel de Economía, en: Joanisabel González. **Nobel de Economía insta a Puerto Rico a crear una agenda de desarrollo**. (2014). Guaynabo, Puerto Rico.: *El Nuevo Día*. [Versión electrónica]. También debe leer: Simone Baribeau. (2014). **Puerto Rico's Public Relations Headache**. United States, New York City: *Forbes Magazine*. Información consultada el 30 de agosto de 2014, de http://www.forbes.com/sites/mergermarket/2014/07/28/puerto-ricos-public-relations-headache/. **Fitch Ratings degrada el crédito de Puerto Rico**. (2014). Guaynabo, Puerto Rico.: *El Nuevo Día*. [Versión electrónica]; **Fitch degrada a chatarra bonos de AAA y AEE**. (2014). Guaynabo, Puerto Rico.: *El Nuevo Día*. [Versión electrónica].
[cxi] Dr. Paul Krugman, profesor de Economía de la Universidad de Princeton y premio Nobel de Economía de 2008, en: Krugman, P. (2014). **Los plutócratas contra la democracia**. Madrid, España.: *El País*. Consultado el 30 de diciembre de 2014, de http://economia.elpais.com/economia/2014/10/24/actualidad/1414171151_841734.html.
[cxii] Antonio R. Gómez. **Gobernador dice que Moody's actúa vengativamente**. (2014). Guaynabo, Puerto Rico.: *Primera Hora*. Información consultada el 20 de diciembre de 2014, de http://www.primerahora.com/noticias/gobierno-politica/nota/gobernadordiceque moodysactuavengativamente-1019700/; **Gran resistencia a reforma tributaria en Puerto Rico AFP**. (2015). Guaynabo, Puerto Rico: *Univision Puerto Rico*. Consultado el 30 de marzo de 2015, de http://m.puertorico.univision.com/ultima-hora/puerto-rico/article/ 2015-03-05/resistencia-reforma-tributaria-puertorico?id=2263785; Ricardo Cortés Chico. **Moody's degrada bonos generales del Gobierno de Puerto Rico**. (2015). Guaynabo, Puerto Rico.: *El Nuevo Día*. Información recuperada el 29 de marzo de 2015, de http://w ww.elnuevodia.com/noticias/politica/nota/moodysdegradabonosgeneralesdelgobiernodep uertorico-2009850/.
[cxiii] Vea el análisis del Dr. José A. Estévez Araújo, catedrático de Filosofía del Derecho en la Universidad de Barcelona, en: José A. Estévez Araújo. (2011). **El poder del sistema financiero sobre los estados**. España, Unión Europea: *Alba Sud*. Consultado el 23 de enero de 2015, de http://www.albasud.org/noticia/es/256/el-poder-del-sistema-financiero-sobre-los-estados. También debe leer las siguientes referencias: (a) Mulero, L. (2005, 14 de octubre). **Una película de horror al gasto gubernamental**. Guaynabo, Puerto Rico: *El Nuevo Día*. Recuperado el 14 de octubre de 2005, de http://www.endi.com/; y (b) **El modelo de negocio de Wall Street es el fraude y el engaño**. (2015). Moscú, Rusia.: *Russia Today (RT)*. Información consultada el 30 de marzo de 2015, de http://actualidad.r t.com/actualidad/165921-eeuu-sanders-wall-street-fraude.
[cxiv] Michelle Kaske. **Puerto Rico Bill Shows Less Willingness to Pay Debt, Fitch Says**. (2015). Nueva York, EUA: *Bloomberg*. Información consultada el 30 de marzo de 2015, de http://www.bloomberg.com/news/articles/2015-03-26/puerto-rico-bill-shows-less-willing ness-to-pay-debt-fitch-says.
[cxv] **Reestructuración, recaudos débiles y el torpedo de las pensiones causa degradación**. (2015). San Juan, Puerto Rico.: *Noticel*. Información consultada el 29 de marzo de 2015, de http://www.noticel.com/noticia/173858/reestructuracion-recaudos-debiles-y-el-torpedo-de-las-pensiones-causa-degradacion.html.
[cxvi] Lucas, K. (2015). **De la libertad bancaria a la libertad universitaria**. Madrid, España.: *Revista Rebelión*. Consultado el 28 de abril de 2015, de http://www.rebelion.org /noticia.php?id=197365.

[cxvii] **Juez de EE.UU. frena pago de Argentina a acreedores**. (2014). La Habana, Cuba.: *Granma*. Consultado el 14 de febrero de 2015, de http://www.granma.cu/mundo/2014-06-27/juez-de-eeuu-frena-pago-de-argentina-a-acreedores.

[cxviii] **Ángel Alayón sobre Juego de tronos: el poder fascina a la gente**. (2015). Venezuela, Suramérica: *El Universal*. Información consultada el 30 de abril de 2015, de http://www.eluniversal.com/que-hay/150412/angel-alayon-sobre-juego-de-tronos-el-poder-fascina-a-la-gente.

[cxix] Paz, R. (2015). **A los economistas nadie les pide cuentas**. España, Unión Europea: *El Diario*. Consultado el 25 de abril de 2015, de http://www.eldiario.es/zonacritica/economistas-nadie-pidecuentas_6_373122711.html.

[cxx] Dosso, M. (2014). **El poder financiero internacional**. Chaco, Argentina: *Diario Norte*. Consultado el 23 de abril de 2015, de http://www.diarionorte.com/article/108459/el-poder-financiero-internacional.

[cxxi] Dosso, M. (2014). **El poder financiero internacional**. Chaco, Argentina: *Diario Norte*. Consultado el 23 de abril de 2015, de http://www.diarionorte.com/article/108459/el-poder-financiero-internacional.

[cxxii] Zamora, A. (2015). **De Perú a Grecia, estados y poder financiero**. Madrid, España.: *Revista Rebelión*. Consultada el 1 de mayo de 2015, de http://www.rebelion.org/noticia.php?id=195718. También debe leer: Joel Cintrón & John Marino. (2015) **¿Cómo llegan estos fondos buitres a la isla?** Caguas, P.R.: *Metro*. Información consultada el 30 de abril de 2015, de http://www.metro.pr/economia/como-llegan-estos-fondos-buitres-a-la-isla/pGXodi!YqmoWTY0NsCpI/.

[cxxiii] Rebecca Banuchi. **Presentan medidas para reestructurar la deuda pública**. (2015). Guaynabo, Puerto Rico.: *El Nuevo Día*. [Versión electrónica: http://www.elnuevodia.com/noticias/politica/nota/presentanmedidasparareestructurarladeudapublica-2020305/].

[cxxiv] **El artículo 135 de la Constitución, antes y después de la reforma de 2011**. (2014). Madrid, España: *El País*. Información consultada el 30 de diciembre de 2014, de http://politica.elpais.com/politica/2014/11/24/actualidad/1416849910_452980.html.

[cxxv] Estefanía, J. (2014). **Reestructuración de la deuda**. Madrid, España: *El País*. Consultado el 30 de diciembre de 2014, de http://economia.elpais.com/economia/2014/11/30/actualidad/1417370333_460029.html.

www.ingramcontent.com/pod-product-compliance
Lightning Source LLC
Chambersburg PA
CBHW030913180526
45163CB00004B/1816